GTB

Gütersloher Taschenbücher

975

*Meinen Eltern
in Dankbarkeit*

Werner Thiede

Die mit dem Tod spielen

Okkultismus – Reinkarnation – Sterbeforschung

Gütersloher Verlagshaus

Originalausgabe

Die Deutsche Bibliothek – CIP-Einheitsaufnahme

Thiede, Werner:
Die mit dem Tod spielen: Okkultismus – Reinkarnation – Sterbeforschung / Werner Thiede. – Gütersloh: Gütersloher Verl.-Haus, 1994
(Gütersloher Taschenbücher; 975)
ISBN 3-579-00975-3
NE:GT

ISBN 3-579-00975-3

Umschlaggestaltung: Dieter Rehder, Kelmis/Belgien, unter Verwendung des Fotos:
»Farbsymphonie«, © Horst von Irmer, Internationales Bildarchiv, München
Gesamtherstellung: Clausen & Bosse, Leck
Gedruckt auf chlorfrei gebleichtem Werkdruckpapier
Printed in Germany

Inhalt

Vorwort

Unsere Gesellschaft wird immer säkularer. Wie eine im Sommer 1993 veröffentlichte Umfrage des Emnid-Institutes zeigt, rangieren unter den als zukunftsrelevant erachteten Hauptthemen »Glaube und Kirche« fast an letzter Stelle. Nur neun Prozent der befragten Deutschen sehen den religiösen Bereich als ein »sehr wichtiges Thema« der Zukunft an. Die vordersten Plätze hingegen nehmen Anliegen wie Alters- und Gesundheitsversorgung oder »persönliche Sicherheit« ein. Solch betonte »Weltlichkeit« in der zeitgenössischen Grundorientierung geht erfahrungsgemäß mit einer auffälligen Tabuisierung des Todes einher.

Gleichzeitig melden aber die Verlage einen enorm hohen Umsatzanteil bei der sogenannten esoterischen Literatur: Fast jedes sechste 1992 in Deutschland verkaufte Buch stammt aus dem spiritualistisch-okkultistischen Bereich. Angesichts dieser durchaus breitenwirksamen Ausrichtung auf die Innen- bzw. Jenseitswelt kommt das Todesproblem automatisch in den Blick, nun allerdings im Modus der Bagatellisierung. Der Tod wird als bloßes Durchgangstor in benachbarte Dimensionen verniedlicht. Dieses als harmlos erscheinende Tor kann der Mensch gleichsam spielerisch mehrfach durchschreiten – ob in okkulten Geisterkommunikationen, im Zuge vielfacher Wiederverkörperungen oder im Durchleben sogenannter Todesnähe-Erfahrungen, wie sie zum Gegenstand einer internationalen Sterbeforschung geworden sind.

Hier wird also mit dem Tod – nicht nur mit dem Gedanken an ihn, sondern mit seiner vermeintlichen Realität – gespielt, indem er gerade auch in seinen verborgenen Aspekten zum Gegenstand menschlicher Erfahrung bagatellisiert wird. In extremen Fällen kann dieses Spielen todernste Folgen haben, nämlich Selbsttötungen begünstigen. Aber auch abgesehen davon gilt es zu bedenken, daß dieser spielerische Umgang mit dem Tod psychologisch als regressiv und theologisch als defizitär einzuschätzen ist. Zum reifen Ernstnehmen der Wirklichkeit gehört nun einmal das Ernstnehmen des Todes. Daß dazu ebenso das Ernstnehmen der Möglichkeit ganzheitlichen Heils gehört, das sich als mächtiger erweisen wird als die

Todeswirklichkeit, soll damit nicht bestritten sein. Im Gegenteil: Die Hoffnung auf die universale, den Kosmos umfassende Auferstehung der Toten, wie sie den christlichen Glauben von seinen Anfängen an geprägt hat, bildet den im ersten und vor allem im letzten Kapitel zu entfaltenden Maßstab für die Kritik an jenen, die mit dem Tod spielen zu können meinen.
Um das Anliegen dieses Buches einer breiteren Leserschaft zugänglich zu machen, habe ich die Resultate meiner mehrjährigen wissenschaftlichen Beschäftigung mit den behandelten Themenkreisen so knapp und allgemeinverständlich wie möglich darzulegen versucht. Wenn damit nicht allein kognitive Informationsvermittlung, sondern auch ein Stück Lebenshilfe im Umgang mit dem Todesproblem geleistet werden kann, hat meine Studie ihr Ziel erreicht.

Stuttgart, im Herbst 1993 *Werner Thiede*

I. Materialismus: Der tabuisierte Tod

»Da die Menschen kein Heilmittel gegen den Tod, das Elend, die Unwissenheit finden konnten, sind sie, um sich glücklich zu machen, darauf verfallen, nicht daran zu denken.« Diese Beobachtung ist so alt wie die Neuzeit: Um die Mitte des 17. Jahrhunderts von dem französischen Philosophen und Mathematiker Blaise Pascal formuliert, kennzeichnet sie ein Grundphänomen der Moderne. Daß der Tod in der abendländischen Gesellschaft nach wie vor verdrängt bzw. tabuisiert wird, haben Soziologen unserer Tage erneut untermauert.[1]

Indessen hat sich die letzten zwei Jahrzehnte hindurch doch auch eine andere Tendenz durchgesetzt. Die krisengeschüttelte Moderne konnte sich selbst nicht länger über die Brüchigkeit des neuzeitlichen Fortschrittsdenkens hinwegtäuschen. Wie Pascal es gesagt hatte: Ein Heilmittel gegen den Tod konnte nicht gefunden werden. Und so wurde das Tabu verschiedentlich doch gebrochen – man begann ansatzweise, den Tod zu konfrontieren. Exemplarisch drückt sich das in der Einrichtung mehrerer Sterbe-Hospize aus.

Aber in der Regel zeigt es sich, daß der Tod dort, wo er nicht mehr verdrängt werden kann, nur dadurch zu einem erträglichen Gedanken wird, daß er auf die eine oder andere Weise bagatellisiert wird. Kann man die Rede von ihm nicht vermeiden, dann man tut so, als sei er kaum der Rede wert oder als könne man quasi spielerisch mit ihm umgehen. Das gilt nicht nur für die Lebenswirklichkeit einer zunehmend säkularisierten Zeit, deren Umgang mit dem Tod Aldous Huxley 1932 in seiner »Schönen neuen Welt« hellsichtig skizziert und karikiert hat. Es gilt vielmehr ebenso für die neureligiösen oder zum Teil postreligiösen Aufbrüche: Sie bagatellisieren den Tod weniger durch unbewußtes Verbergen oder geschicktes Ästhetisieren der Realität des Sterbens als vielmehr durch den leichthin versuchten Rückgriff auf Unsterblichkeitskonzepte aus vorchristlicher Zeit. Dabei verbinden sie derlei Rekurse mit modernen Versuchen, ihnen wissenschaftliche bzw. empirische Legitimation zu verschaffen. Davon sollen die nächsten Kapitel handeln.

Bevor jedoch die spiritualistisch gefärbten Strategien eines »Spielens« mit dem Tod näher in den Blick genommen werden können, muß das Phänomen der Tabuisierung des Todes betrachtet und verstanden worden sein. Wo immer es begegnet, ist es mit einer mehr oder weniger materialistischen Todesauffassung verbunden. Das heißt: Verdrängt und verschwiegen wird der Tod dort, wo er als radikales Ende des Lebens, als Abbruch der persönlichen Identität interpretiert wird. Sofern sich der Mensch der Unausweichlichkeit seines in der Zukunft bevorstehenden Sterbenmüssens bewußt wird und dieses als fundamentale Katastrophe wertet, bleibt ihm offensichtlich wenig anderes übrig, als dem Gedanken daran möglichst auszuweichen. Dies gilt so grundsätzlich, daß Ansätze einer Todestabuisierung bereits in früheren Epochen der Menschheitsgeschichte anzutreffen sind.

Todestabuisierung – ein uraltes Phänomen

In der Frühzeit der Menschheit konnte von einer Tabuisierung des Todes noch keine Rede sein. Denn es gab keine »materialistische« Auffassung des Todes. Die ältesten Kulturzeugnisse lassen erkennen, daß der Mensch immer schon seine Toten bestattet und mit ihrer Fortexistenz – freilich in mythologischen Anschauungsformen – gerechnet hat. Wahrscheinlich hat er sich selbst zunächst nicht für sterblich gehalten, sondern nur die »Anderen«, insbesondere die Feinde.

Dieses archaische Denken ist noch im Unterbewußtsein des heutigen Menschen präsent. So konnte Sigmund Freud das Verhältnis des Unbewußten zum Tod in Analogie zur Auffassung des vorgeschichtlichen Menschen interpretieren: »Unser Unbewußtes glaubt nicht an den eigenen Tod, es gebärdet sich wie unsterblich. Was wir unser ›Unbewußtes‹ heißen, die tiefsten, aus Triebregungen bestehenden Schichten unserer Seele, kennt überhaupt nichts Negatives, keine Verneinung – Gegensätze fallen in ihm zusammen – und kennt darum auch nicht den eigenen Tod, dem wir nur einen negativen Inhalt geben können.«[2] Freud zufolge ist also der je eigene Tod »unvorstellbar, und sooft wir den Versuch dazu machen, können wir bemerken, daß wir eigentlich als Zuschauer weiter dabeibleiben. So konnte in der psychoanalytischen Schule der Ausspruch gewagt

werden: Im Grunde glaube niemand an seinen eigenen Tod oder, was dasselbe ist: im Unbewußten sei jeder von uns von seiner Unsterblichkeit überzeugt.«
Damit erklärt sich tiefenpsychologisch, warum der Mensch sich mit der Tatsache seiner Sterblichkeit schwerlich anfreunden kann. Die Wege zur Bagatellisierung oder Tabuisierung des Todes beschreitet er aus innerstem Antrieb: Er muß über den Tod hinaus hoffen können oder diesen verdrängen. Der Psychoanalytiker Ernest Becker ist überzeugt, daß »die Furcht vor dem Tode ein universelles Phänomen« ist, welches den Menschen »wie nichts sonst« prägt und als maßgeblicher Faktor in seiner Kulturbildung wirksam wird.[3] Eine amerikanische Forschergruppe hat die daraus resultierende Todesangst-Bewältigungtheorie mittlerweile experimentell überprüft und bestätigt.[4] Das Bewußtsein der Endlichkeit wirft die Frage nach dem Unendlichen notgedrungen auf und drängt auf gestaltende Antwort.
Geschichtlich läßt sich beobachten, daß das Maß religiöser Hoffnung über den Tod hinaus in Entsprechung zum Endlichkeits- bzw. Sterblichkeitsbewußtsein gewachsen ist. Je mehr sich die menschliche Individualität ausgeprägt hat, desto krisenhafter ist ihre Vergänglichkeit empfunden worden, und desto markantere Ausprägungen haben sich in religiöser Hinsicht gezeigt. Der noch relativ wenig individualisierte mythische Mensch hat sich mit dem Rhythmus von Leben und Tod als natürlichem Wechselprozeß zufriedengegeben; eine wenig reflektierte Auffassung des »Wiederkommens« in anderer Gestalt ist daher in vielen kulturellen Frühstadien der Völkerwelt anzutreffen. Entsprechendes gilt entwicklungspsychologisch für das Denken von Kleinkindern. Ein wachsender Realitätssinn, der die Vergänglichkeit auch des je eigenen Daseins zunehmend wahrnimmt, tendiert zu dualistischer geprägten Hoffnungsgestalten: Das jenseitige Himmel- oder Schattenreich wird als Über- oder Gegenwelt geglaubt, die eine – nicht unbedingt bruchfreie – Kontinuität über den Tod hinaus gewährleistet. Im weiteren Verlauf kann sich diese Dualität dahingehend verschärfen, daß entweder das Jenseits oder das Diesseits zur entscheidenden oder gar einzigen Realität für das Selbst bestimmt wird. Fällt die Entscheidung zugunsten der irdischen Wirklichkeit, so sind materialistisch gefärbte, mitunter betont irreligiöse Weltanschauungen die Folge.

Fällt sie zugunsten der transzendenten Dimension, so kommt es zu einer spiritualistischen oder gnostisierenden, tendentiell weltverachtenden Religiosität. Entsprechend gibt es die Kategorien eines materialistischen und eines spiritualistischen Todesverständnisses. Mitunter ringen beide Formen innerhalb eines Individuums oder auch einer Kultur miteinander, und womöglich versuchen sie Synthesen auszubilden.

Ein solches Ringen läßt sich bereits zweitausend Jahre vor dem Aufkommen der biblischen Auferstehungshoffnung beobachten, und zwar in Ägypten. Dort herrschte ein ausgeprägter Jenseitsglauben, der aber in der sogenannten ersten Zwischenzeit erstmals in das Bewußtsein mündete, daß das Transzendente in seiner völligen Verschiedenheit von der diesseitigen Wirklichkeit für den Menschen nicht begreifbar sei. Eine Konsequenz daraus war die Haltung einer quasi-materialistischen Diesseitsorientierung bei gleichzeitiger absoluter Skepsis gegenüber dem Jenseits. So ließ sich ein König aus der 11. Dynastie folgende Grabinschrift anfertigen: »Folge deinem Wunsch und deinem Vergnügen, und schaffe dir dein Schicksal auf Erden nach den Wünschen deines Herzens – bis jener Tag der Trauer zu dir kommt. Denn ... keinen Menschen ruft die Totenklage aus dem Grab zurück ... Niemand nimmt seine Güter mit sich, und keiner kehrt zurück, der dorthin gegangen ist.«[5] Der Tod als der unvermeidlich kommende »Tag der Trauer« wird hier wegen Ermangelung einer ihn transzendierenden Hoffnung zum Anlaß, ihn möglichst vergessen zu machen durch Flucht ins Vergnügen.

Wie ähnlich klingt die weisheitliche Perspektive des »Predigers« zweitausend Jahre später im Alten Testament: »Ein lebender Hund ist besser als ein toter Löwe. Denn die Lebenden wissen, daß sie sterben werden, die Toten aber wissen nichts; sie haben auch keinen Lohn mehr, denn ihr Andenken ist vergessen ... So geh hin und iß dein Brot mit Freuden, trink deinen Wein mit gutem Mut ... Genieße das Leben mit deinem Weibe ... Denn bei den Toten, zu denen du fährst, gibt es weder Tun noch Denken, weder Erkenntnis noch Weisheit« (9,4–10).

Philosophische Reflexion hat in Griechenland bereits zuvor materialistische Theorien entwickelt. Durch den Idealismus vor allem eines Plato beiseite gedrängt, leben sie in der Person Epikurs (341–270) wieder auf. Eine atomistisch-materielle Geist-Interpretation steht im Hintergrund seiner reflektierten Tabuisierung des Todes: »Der Tod geht uns nichts an, denn solange wir sind, ist der Tod nicht da; und wenn der Tod da ist, sind wir nicht mehr. Er geht also weder die Lebenden an noch die Toten.« Der zu erstrebende Lebenszweck besteht in einem Höchstmaß von Lust – im Rahmen und als Frucht von Tugenden. Dreihundert Jahre später bekundet eine Grabinschrift im römischen Pompeji: »Nach dem Tod gibt es nichts mehr, nur was du siehst, ist der Mensch.«

Auch das Neue Testament weiß um eine entsprechende Einstellung. Da sind die reichen Männer in den Gleichnissen Jesu: »Iß, trink und habe guten Mut«, lautet ihre Devise auf der Basis einer vermeintlich »gesicherten«, den Tod tabuisierenden Existenz (Luk. 12,16ff; 16,19ff). Da sind die Sadduzäer als Vertreter des damaligen Judentums: Sie, die oftmals Vermögenden, pflegten sowohl den Unsterblichkeits- als auch den Auferstehungsglauben abzulehnen (Luk. 20,27; Apg. 22,8). Und da sind ferner Heiden, die im Unterschied zu den Christen angesichts des Todes keine Hoffnung haben (1. Thess. 4,13; Eph. 2,12). »Wenn die Toten nicht auferstehen, dann laßt uns essen und trinken, denn morgen sind wir tot!« schreibt der Apostel Paulus unter Bezugnahme auf ein Zitat aus Jes. 22,13. Damit wird indirekt deutlich, daß er die Auferstehungshoffnung als Befreiung von der materialistischen Auffassung des Todes und der mit ihr einhergehenden Verdrängungstendenz sieht.

Auferstehungshoffnung als Befreiung

Die biblische Hoffnung auf die Auferstehung der Toten ist keine dualistische Jenseitshoffnung. Sie ist – unter Einflußnahme persischer Apokalyptik – aus der alttestamentlichen Prophetie erwachsen. Geschichtliche Krisen waren als Gottesgericht erlebt worden, die nicht ohne prophetische Verheißungen einherzugehen pflegten. Diese beschränkten sich keineswegs auf das auserwählte Volk selbst, sondern steigerten sich mit der zunehmenden theologischen Erkenntnis der Einzigartigkeit Gottes ins Universale. Frühere Heilssetzungen sollten in der Zukunft in einer Weise übertroffen werden, in der sich die Treue Gottes endgültig offenbaren würde. In dieser heilsgeschichtlichen Perspektive verlor das geglaubte Schattenreich für die Toten seine »dualistische«, im hebräischen Raum ohnehin schwach ausgeprägte Bedeutung; als eine wirkliche Hoffnung für die Toten hatte man die Aussichten der Dahingeschiedenen ohnehin nie bezeichnen können. Eine individuelle Hoffnung hatte sich bestenfalls mit Worten wie aus Psalm 73 artikuliert: »Wenn mir gleich Leib und Seele verschmachten, so bist du doch, Gott, allezeit meines Herzens Trost und mein Teil.«

In den jüngsten alttestamentlichen Stücken steigt demgegenüber eine konkretere, universal ausgreifende Hoffnung empor, eben die auf die Auferstehung der Toten. Nicht eine himmlische Dimension für die Toten, sondern deren Neuberufung ins Leben, in Gottes irdische Schöpfung, ja in vervollkommnetes Dasein im Rahmen eines neuen Himmels und einer neuen Erde kündigen sich als Gegenstand prophetisch-apokalyptischer Hoffnung an. Dabei gilt es zu beachten, daß »Auferstehungshoffnung keine menschliche Glückshoffnung ist, sondern die Erwartung der Gottesgerechtigkeit zum Ausdruck bringt«[6], also eine Hoffnung um Gottes und seines heilenden Rechtes willen darstellt. Ihr ist an Gottes Erneuerungshandeln an der gesamten Schöpfung gelegen, das nur unangemessen durch die mythologisch anmutende Vorstellung einer Wiederbelebung von Leichen aus ihren Gräbern heraus bildlich gefaßt wird.

Die bereits im vorchristlichen Judentum verbreitete Auferstehungshoffnung hat durch die Botschaft von der Auferweckung Jesu ihre christliche Bestätigung gefunden. Damit setzt eine Dynamik ein, die nicht weniger bedeutet als die geistige Vorwegnahme der künftigen Totenauferstehung in der gegenwärtigen Verbindung mit dem Auferstandenen. Christen verstehen sich deshalb als »wiedergeboren zu einer lebendigen Hoffnung durch die Auferstehung Jesu Christi von den Toten« (1. Petrus 1,3). Ihr Gegenwartsbewußtsein ist geprägt durch die Erkenntnis, daß alle irdische Existenz, vergangene wie auch noch zukünftige, »Vergangenheit« bedeutet für den, der Gottes universales Kommen erhofft und in der Verbindung mit dem auferstandenen Christus bereits glaubend wahr-nimmt. Dieses Bewußtsein verleitet aber keineswegs zur Weltflucht, im Gegenteil! Nur eine mißverstandene »christliche« Hoffnung könnte ohne Früchte bleiben. Zurecht hat Dietrich Bonhoeffer betont: »Die christliche Auferstehungshoffnung unterscheidet sich von der mythologischen darin, daß sie den Menschen in ganz neuer und gegenüber dem Alten Testament noch verschärfter Weise an sein Leben auf der Erde verweist.«[7] Allerdings werden Christen für Welt und Menschen nicht ein utopisches, von Menschen durchzusetzendes Fernziel entwerfen. Sie tun vielmehr das jeweils Unerläßliche, Notwendige, und werden sich dabei auch Gedanken über mögliche weitere Schritte machen. Aber sie tun das eine wie das andere im Vertrauen auf die Wirklichkeit Gottes und die in seiner Herrschaft beschlossene Zukunft. Und deshalb liegt ihnen auch jede todernste Verbissenheit fern. Denn die heile Welt erwarten sie von Gott als ihrem Schöpfer und Vollender, so daß sie ihr Handeln nicht als Bedingung für das Kommen des Gottesreiches mißverstehen. Welch armselige Hoffnung wäre das sonst!

Christen geht es mit ihrer Hoffnung ums Ganze – und das ist mehr als alles, was im Bereich des Menschenmöglichen liegt. Nur um dieser ganzheitlichen Hoffnung willen wissen sie sich als im Glauben Erlöste – befreit als »die, so durch Furcht vor dem Tode im ganzen Leben Knechte sein mußten« (Hebr. 2,15). Nicht daß Christen den Tod nicht mehr ernst nähmen! Er bleibt für sie – statt spielerisch zum »Freund« verniedlicht zu werden – der letzte Feind, den Gott vernichten wird (1. Kor. 15,26). Aber im Blick auf den durch das Ostergeschehen in Aussicht gestellten Sieg vermag der Tod die Glaubensexistenz nicht mehr zu beherrschen. Weil Christen die »Verdrängung« des Todes nicht mehr selbst leisten müssen, sondern sie getrost Gott überlassen dürfen, wird bei ihnen Energie frei, mit der sie im Geiste der Liebe dem Leben dienen können.

Totentanz statt Todesverdrängung

Gegenüber in der Spätantike bereits anzutreffender Diesseitsbetonung einerseits und spiritualistischem Jenseitsglauben im Mysterienwesen und Gnostizismus andererseits besaß die ganzheitliche Hoffnung der jungen Kirche die weitaus größere Attraktivität. Dies umso mehr, als sie Teilwahrheiten beider Sichtweisen, der materialistischen wie der spiritualistischen, integrieren konnte. Denn christliche Auferstehungshoffnung ermöglichte Diesseitsbejahung und einen den Tod ernst nehmenden Realismus ebenso wie die Bejahung der verheißenen, vom Geist Gottes durchdrungenen Heilswelt. Mit dieser ganzheitlichen Hoffnung vermochte das frühe Christentum trotz schwerer Verfolgungen enorme missionarische Erfolge zu erzielen. So groß, so positiv, so universal wie die christliche Auferstehungs- und Reich-Gottes-Hoffnung hatte sich der Menschheit bis dahin noch keine Hoffnung dargeboten.

Das erste Jahrtausend der Christenheit bewahrte den positiven Gesamtsinn der Auferstehungshoffnung weitgehend, ohne dabei den Gerichtsgedanken zu verkürzen. Erst im 12. Jahrhundert kam es zu einem spürbaren Rückfall in vorchristliche Intentionen, indem nämlich der Auferstehungsgedanke dem Gerichtsgedanken untergeordnet wurde. Nicht der die Welt erlösende, sondern der sie richtende Christus schmückte nun die Kathedralen. Nicht so sehr der Tag der nahenden Befreiung zum Leben in der Fülle der Gottesgemeinschaft wurde erhofft; vielmehr wurde der Tag des Zorns gefürchtet.[8]

Und dennoch schimmerte mit dem unauslöschlichen Licht von Ostern der positive Grundgehalt der Auferstehungshoffnung auch für den hoch- und spätmittelalterlichen Menschen immer noch durch. So konnte der todkranke Franz von Assisi Gott preisen mit den Worten seines Sonnengesangs: »Gelobt seist du, Herr, für unseren Bruder, den leiblichen Tod, dem kein lebender Mensch entrinnen kann.« Das genaue Gegenteil von Todestabuisierung! Ferner kam um diese Zeit der Brauch des »risus paschalis«, des sogenannten Osterlachens auf. »Im ganzen war das Mittelalter eine bewußt christliche Zeit. Angesichts des nahenden Todes klammerte man sich an die Osterhoffnung.«[9]

Als Mitte des 14. Jahrhunderts eine furchtbare Pestwelle ganz Europa durchzog, begann man den Tod als Knochengerippe abzubilden. Und bald darauf entstanden die ersten Motive des sogenannten »Totentanzes« (zuerst wohl in Frankreich, »danse macabre« genannt), die mit der Zeit eine eigene Kunst- und Literaturgattung bildeten.[10] Dargestellt wurden Leute jeden Standes und Alters, indem sie einen Reigen mit dem Tod bzw. mit einem Toten tanzten. Daß der Tod hierbei als handelnde Person auftrat, ließ ihn letztendlich als gehorsamen Diener Gottes erscheinen, vor dessen Richterstuhl er den Sterbenden beförderte. Jedermann muß »nach seiner Pfeife tanzen«; er selber aber hat seinerseits einen Herrn über sich, auf den man hoffen darf. So heißt es in einem »Schnitterlied, gesungen zu Regensburg, da eine hochadelige Blume unversehens abgebrochen wurde im Jenner 1637«: »Es ist ein Schnitter, heißt der Tod, hat Gwalt vom großen Gott.«[11]

Dieser Tod, nicht als radikales Ende, sondern als radikaler Einschnitt verstanden, mußte nicht verdrängt, mit ihm konnte vielmehr – wenn auch nicht ohne Schmerz – gelebt werden. Bei aller Grausamkeit hatte er etwas Spielerisches an sich, das sich im Motiv des Tanzes ausdrückte. Nicht nur als Schnitter, sondern auch als Spielmann mit Laute, Dudelsack oder Baßgeige stellte man ihn dar. Konnten die Menschen doch über sein Walten hinaus auf das Walten dessen blicken, der Auferstehung vom Tode und ewiges Leben verheißen, ja schon anheben hatte lassen! Darum bildeten der Ernst des Todes und das Element des Humors am Ende keinen krassen Widerspruch. Die mahnenden Totentanz-Bilder wurden in der Regel durch Verse erläutert, welche mitunter schmunzeln ließen. So hieß es beispielsweise bei einer Tänzerin: »Nun haben wir so lang getanzt, Bis mich der Tod hat eingeschanzt.« Oder bei einem Soldaten: »Bis hierher und nicht weiter, Du guter alter Streiter!«

Es ging in den Totentanz-Motiven des späten Mittelalters bis hinein in die Anfänge der Neuzeit nicht um eine »Kunst des Sterbens«, die womöglich erst auf dem Sterbebett zum Zuge kam, sondern um eine mitten im Leben greifende Vergegenwärtigung der Sterblichkeit. Insofern plädierten sie für eine Lebenskunst, wie sie nur ohne Tabuisierung des Todes denkbar ist. Unübersehbar stellten sie die Hinfälligkeit und Vergänglichkeit des eitlen Strebens nach menschlicher Pracht, Bedeutung und Sicherung heraus. Dies war (sozial) psychologisch nur möglich auf der Basis der christlich begründeten Hoffnung auf das ohne Ansehen der Person verheißene Geschenk künftiger Reich-Gottes-Herrlichkeit. Das Totentanzmotiv hatte etwas mit der Perspektive zu tun, derzufolge es einst einen Tanz der Auferstandenen geben wird.

Mit dem Anbruch der Neuzeit begann diese Hoffnung zu schwinden. Oder anders formuliert: Sie wurde transformiert in Entwürfe innerweltlicher Hoffnungen. Aus dem neuen Äon des verheißenen Gottesreiches wurde die Neu-Zeit des »mündig« gewordenen, aufgeklärt seine Zukunft selber gestaltenden Menschen. Der christliche Glaube an eine Heilsgeschichte wurde säkularisiert zum immanenten, quasi-transzendeten Fortschrittsglauben, ob in den Varianten eines Hegel, eines Marx oder auch noch neuerer Philosophen und Ideologen. Menschliches Glücks- und Herrlichkeitsstreben konnten sich allerdings faktisch dem Bann radikaler Vergänglichkeit nicht entziehen, machten ihn vielmehr auf die Dauer nur noch schmerzlicher bewußt. Man mußte den Tod deshalb aus dem Wirklichkeitskonzept der Moderne herausdrängen – ihr sollte er möglichst nicht mehr dazwischentanzen!

Gottes Tod und die Tabuisierung des Todes

Die gesellschaftliche Tabuisierung des Todes begegnet erstmals in der zweiten Hälfte des 19. Jahrhunderts. Bereits Karl Marx denkt über sie nach, schreibt sie der Entzweiung der Gesellschaft zu – und macht sie faktisch selber mit, indem er den Tod in seinem umfangreichen Opus nur ganz ausnahmsweise in Erwähnung bringt. Bemerkbar macht sich diese gesellschaftliche Verschweigenstendenz in der damals neuartigen Neigung, dem Sterbenden die Schwere seines Schicksals nach Möglichkeit zu verbergen. Der Todesforscher Philippe Ariés kommentiert: »Kurzum, die Wahrheit beginnt fragwürdig zu werden.«[12]

Man kann (und soll wohl auch) diesen Satz in seiner ganzen Bedeutungsschwere lesen. Die Wahrheit des Sterbenmüssens wurde unerträglich und fragwürdig, weil die Auferstehungshoffnung fragwürdig geworden war. Dies wiederum hatte seine Ursache im Aufschwung der Naturwissenschaft mit ihrer materialistisch-positivistischen Arbeitshypothese, insofern sie den Zweifel an Gott, dem Garanten der Heilshoffnung angesichts des Todes, genährt hatte. Und wo ist noch Wahrheit, wenn Gott tot ist?

Tatsächlich ist das gesellschaftliche Phänomen der Todestabuisierung annähernd ebenso alt wie die Rede vom »Tod Gottes«. Diese ist natürlich (ähnlich wie der Begriff der Todestabuisierung) im übertragenen Sinne gemeint: Sie drückt metaphorisch das Resultat soziokultureller Analysen aus. Zwar hat Heinz Zahrnt in einem Buchtitel (1970) theologisch unterstrichen: »Gott kann nicht sterben.« Doch die Rede von Gottes Tod meint eigentlich das Sterben der gesellschaftlich verbreiteten Anerkennung jenes Gottes, der heilsge-

schichtlich gehandelt und dem Kosmos heilende Vollendung verheißen hat. Diesen Prozeß religiös-weltanschaulicher und in der Konsequenz auch moralischer Veränderung hatte Friedrich Nietzsche im Blick, als er den »tollen Menschen« bei seiner Gottessuche ausrufen ließ: »Irren wir nicht wie durch ein unendliches Nichts? Haucht uns nicht der leere Raum an? Ist es nicht kälter geworden? ... Gott ist tot! Gott bleibt tot! Und wir haben ihn getötet ... Ist nicht die Größe dieser Tat zu groß für uns? Müssen wir nicht selber zu Göttern werden, um nur ihrer würdig zu erscheinen?«[13]
Anschließend sinniert Nietzsches toller Mensch: »Ich bin noch nicht an der Zeit. Dies ungeheure Ereignis ist noch unterwegs und wandert ...« In der Tat hat dieser religiöse Paradigmenwechsel seine Zeit gebraucht. Der Mensch hat mittlerweile aber doch, wie Nietzsche es ahnte, zunehmend »göttliche« Eigenschaften gewonnen: Der technische Fortschritt hat ihm zu gesteigertem Narzißmus verholfen. Er ist, um es mit Sigmund Freud zu formulieren, »beinahe selbst ein Gott geworden. Freilich nur ... eine Art Prothesengott ..., recht großartig, wenn er alle seine Hilfsorgane anlegt, aber sie sind nicht mit ihm verwachsen und machen ihm gelegentlich noch viel zu schaffen.«[14] Je göttlicher aber der Mensch wird, desto weniger kann er seine Sterblichkeit aushalten. Ist er auf die eine oder andere Weise Materialist, so muß er den Tod nun erst recht tabuisieren. Und ist er Spiritualist, so wird er ihn nun erst recht bagatellisieren. Für beides sind wir heute Zeitzeugen.
Nietzsches hellsichtiger Analyse zufolge sind es die aufgeklärten Menschen selbst gewesen, die Gott getötet haben. Begonnen haben dürfte dieser Akt am Beginn der Neuzeit, als der Philosoph René Descartes (1596–1650) meinte, die Existenz Gottes nur auf dem Umweg des sich seiner selbst versichernden Ego belegen zu können. Gottes Funktion sah er in der Vermittlung zwischen den materiellen (»res extensa«) und den geistigen Realitäten (»res cogitans«). Zur Lösung des Todesproblems schien ihm Gott bereits nicht mehr direkt notwendig, insofern die Seele des Menschen für ihn »eine vom Körper ganz unabhängige Natur hat und demnach nicht mit ihm dem Untergange unterworfen ist«, woraus er folgerte, daß sie unsterblich sei.[15] Sein krasser Dualismus hat nicht nur den Gedanken der Auferstehung des Leibes als Thema der modernen Philosophie weitgehend diskreditiert, sondern im Endeffekt ungewollt den Ma-

terialismus gefördert. Indem er nämlich Tiere ausschließlich zu den »res extensae« rechnete, galten sie ihm als kunstvolle, seelenlose Maschinen. Von da war der Schritt nicht mehr allzu weit, auch den Menschen als Maschine zu interpretieren, wie es hundert Jahre später Julien-Offray de Lamettrie in seinem berühmten Werk »l'Homme machine« (1748) konsequent tat – einräumend, daß ihm der Gedanke an die schlichte Naturnotwendigkeit des Todes nicht eben angenehm sei. Wiederum ein Jahrhundert später bestätigte Charles Darwin die Zusammengehörigkeit von Tier und Mensch eindrucksvoll in seinem Hauptwerk »On the Origin of Species by Means of Natural Selection« (London 1857).

Mit dem Geist im Menschen aber war auch Gott als Geist zweifelhaft geworden. Einem atheistischen Materialismus, wie er jetzt auf unterschiedlichstem Niveau und in mancherlei hier nicht weiter darzustellenden Varianten Anhänger fand, schien die Zukunft zu gehören. Der Idealismus hatte ohnehin nach dem Urteil etlicher Denker in Hegels Philosophie seinen Höhepunkt erreicht – und überschritten. So war die Zeit reif für Nietzsches Philosophie vom Übermenschen, der keinen Gott mehr über sich, sondern nur noch Gottes Tod hinter sich weiß. Konnte der Mensch sich bei Descartes noch sozusagen zum Garanten der Existenz Gottes aufwerfen, wie sollte er, zum Materialisten geworden, nicht genauso die Nicht-(Mehr-)Existenz Gottes proklamieren können?

Trotz schleichender Säkularisierung ist die Rede vom »Tod Gottes« erst wieder rund hundert Jahre nach Nietzsches tollem Menschen in markanter Weise hervorgetreten – in Gestalt einer regelrechten »Gott-ist-tot-Bewegung« und den Varianten ihrer expliziten »Theologie«[16]. Das vorübergehend modische Programm eines atheistischen Gottesglaubens, eines säkularisierten Christentums gegen Ende der sechziger Jahre hat natürlich der Annahme gefrönt, der Gedanke eines Weiterlebens nach dem Tode besitze keine Macht mehr über den modernen Zeitgenossen. Dennoch hat es mitnichten ein religionsloses Zeitalter eingeleitet, wie damalige Beobachter wähnen konnten. Theologen sind heute in der Versuchung, mit Hans Küng zu triumphieren: »Religion erweist sich offenbar als resistenter, als Kulturdiagnostiker aller religionskritischen Schattierungen wahrhaben wollen.«[17]

Doch zeigt sich im Abendland weniger eine Renaissance »der« Religion als vielmehr das Aufkommen einer – wie Küng gleichzeitig bemerkt – »post-materialistischen Weltsicht«. Namentlich die esoterisch-spirituelle Öffnung für asiatische Religiosität im Westen, die begeisterte Zuwendung zum Orient bildete »das logische Ergebnis des Todes Gottes.«[18] Dem von Romano Guardini proklamierten »Ende der Neuzeit« folgte der Beginn eines »New Age«[19]; die vor allem ökologisch spürbar gewordene Krise der Moderne mündete in die »Postmoderne«. Die brüchig gewordene Hoffnung des Fortschrittsglaubens wurde in der Sicht vieler Zeitgenossen im Zuge eines spätmodernen Paradigmenwechsels in eine spiritualistisch-evolutiv konzipierte Hoffnung transformiert. Zum andern wurde sie postmodern verabschiedet zugunsten eines »nachgeschichtlichen« (Peter Sloterdijk), jedenfalls nachchristlichen Gegenwarts-Narzißmus, dem Traditionen der Vergangenheit wie Utopien der Zukunft zum beliebigen Reservoir weltanschaulich-religiöser Versatzstücke jenseits der Wahrheitsfrage gerinnen. Mit dem »Tod Gottes« ist die Hoffnung für die Menschen der Gegenwart nicht größer, sondern kleiner geworden.

Die den christlichen Gottesglauben negierende Rede vom »Tod Gottes« hat allerdings ihre Ursprungsform im christlichen Glauben selbst. Sie steht sogar in seinem Zentrum: Am Kreuz hat Gott in seinem Sohn am menschlichen Todesgeschick heilvoll partizipiert. Gerhard Ebeling erläutert: »Der Tod Gottes will nicht so verstanden sein, daß der Tod über Gott Herr und sozusagen Gottes Gott wird, vielmehr so, daß sich Gott als Herr über den Tod erweist und des Todes Tod wird.«[20] Demnach bildet die christliche Rede vom Tod Gottes, genauer: von Gott im Tod, geradezu das Fundament für die Auferstehungshoffnung. Die landläufige Rede vom »Tod Gottes« drückt indessen genau das Gegenteil aus: Sie will das Ende jener größten Hoffnung signalisieren, die jemals gedacht worden ist.

Ohne eine neue, breit angelegte Besinnung auf den die Todesmacht universal überwindenden Gott wird in unserer Gesellschaft die Unfähigkeit, mit dem Tod angemessen umzugehen, weiterhin triumphieren. Es obsiegt unter uns nicht nur die von Alexander Mitscherlich beklagte »Unfähigkeit zum Trauern«, sondern insgesamt die zum Ernstnehmen des Todes und damit zu angemessener Realitätsbewältigung. Auf einen Nenner gebracht, läßt sich thetisch formulieren, daß der Tod im Kontext der säkularen Neuzeit tabuisiert und im Kontext von New Age und Esoterik bagatellisiert zu werden pflegt – wobei beides als eine Folge aus dem »Tod« Gottes, eben des Gottes der Auferstehungsverheißung, interpretierbar ist.

Zum Begriff des »natürlichen Todes«

In wissenschaftlich gründlicher Form ist das moderne Phänomen der Todestabuisierung frühzeitig von Max Scheler beschrieben worden – noch vor Beginn des Ersten Weltkriegs. Der Philosoph unterschied von vornherein zwei Arten der Verdrängung des Todesgedankens: Die eine bestehe in einer noch normal zu nennenden Erscheinung der menschlichen Natur, die andere sei erst durch den modernen Menschen üblich geworden und als anormal einzustufen.[21] »Dieser neue Menschentyp fürchtet nicht mehr den Tod, wie der antike Mensch; sondern so, wie sein grenzenloser Arbeits- und Erwerbstrieb ihn hinausdrängt über alle Kontemplation und allen Genuß Gottes und der Welt, so narkotisiert er ihn auch gegen den Todesgedanken in einer ganz besonderen Weise.« Das Narkotikum heißt nach Scheler Geschäftigkeit um ihrer selbst willen, Fortschritt ohne Sinn und Ziel.

Werden auf diese Weise typische Strukturen der modernen Industrie- und Wohlstandsgesellschaft kritisch durchleuchtet, so halten die Soziologe Alois Hahn und Werner Fuchs derartigen kulturphilosophischen Überlegungen entgegen, die aus Urbanisierung und Industrialisierung sich ergebende Gesellschaftsstruktur erzeuge schlicht ein naives Nichtwissen um den Tod. Von einer Verdrängung des Todes könne daher kaum die Rede sein.[22] Doch diese Argumentation verfängt nicht. Was bereits Scheler deutlich machte, daß nämlich der Tod eigentlich »weggefürchtet« werde, das hat die neuere Thanato-Psychologie nur unterstreichen können. Es zeigt sich, »daß auf sehr unterschiedlichem methodischen Niveau durchgeführte Untersuchungen ausnahmslos eine Verdrängungshypothese bestätigen.«[23]

Fuchs versucht die These von der Todesverdrängung nicht zuletzt deshalb zurückzuweisen, weil sie durchsetzt sei »mit ideologischen Momenten und Handlungsanweisungen«, etwa indem sie »die verblassende Macht der Transzendenz« beklage.[24] Den religiösen, auf ein Fortleben nach dem Tode ausgerichteten Todesbildern, die er simplifizierend allesamt als »archaisch« und »magisch« einstuft, stellt er programmatisch den Begriff des »natürlichen Todes« gegenüber. »Natürlich« sei der Tod, weil und sofern er aus »natürlichen Ursachen« herrühre und schlicht das »Aufhören der biologischen Lebensprozesse« bedeute. Der Begriff impliziere aber zugleich eine »gesellschaftliche Verfassung«, in der jeder die Möglichkeit haben müsse, »ohne Gewalt und Krankheit oder vorzeitigen Tod seine biologischen Lebenskräfte bis an ihre Grenze auszuleben.«

Mit dieser Definition des »natürlichen Todes« fällt der Ideologieverdacht freilich auf Fuchs selbst zurück. Mahnt doch medizinische Auskunft zur Nüchternheit: »Nach allem, was wir wissen, gibt es einen reinen Alterstod nicht, wohl aber im Alter eine Summation von Krankheiten (Multimorbidität), die eine Prävalenz der einen oder der anderen Krankheit mitunter schwer erkennen läßt.«[25] Wo man sich über die biblische Tradition vom Tod als »der Sünde Sold« (Röm. 6,23) hinaus wähnt, dort wird vernachlässigt, daß das Sterben die Insignien einer gottentfremdeten Wirklichkeit trägt. Die Rede vom natürlichen Tod im Alter hat etwas Romantisches – und verkennt damit das Destruktiv-Schreckliche am Sterben wie überhaupt das Ambivalente des »Natürlichen«. In ihrer Verknüpfung mit der These von der angeblich nicht vorhandenen Tabuisierung des Todes wird sie prompt widerlegt durch den Befund eines Mediziners, demzufolge das öffentliche Bewußtsein »mit den Alten am liebsten nichts zu tun haben«[26] will. Und was soll am Tod noch natürlich sein, wenn Leichen oftmals durch kosmetische Verfahren geschönt werden?

In seiner ideologischen Färbung aber suggeriert der Begriff des »natürlichen Todes« eine banale Natürlichkeit des Sterbens in dem Sinne, daß die vorfindliche materialistische Weltnatur die einzige Realität und daher jede Hoffnung über den Tod hinaus unangemessen sei. Gewiß ist der Tod unter biologischem Aspekt ein Naturereignis. Aber das ist eben nur einer seiner Aspekte, auf die er sich nicht einfach reduzieren läßt. Die Menschheit hat immer gewußt, daß der Tod auch einen verborgenen »Aspekt«, eine geheimnisvolle Seite hat. Was immer man von dieser anderen Seite des Todes hält, ob man sie also materialistisch-nihilistisch negiert oder philosophisch bzw. religiös ausdeutet, das bleibt am Ende ein Wagnis, eine Sache des Glaubens. Es gehört zur Natur des Todes, daß er nach seiner Natur fragen macht.

Materialistisches Todesverständnis als Sinnkrise

Was bedeutet es, daß das menschliche Dasein sich als »Sein zum Tode« wahrnimmt? Martin Heidegger hat im Zuge seiner existenzialanalytischen Interpretation unterstrichen, die Bestimmung des Todes als »Ende des In-der-Welt-seins« sage nichts darüber aus, ob ein transmortales Fortleben bzw. so etwas wie eine Seelenunsterblichkeit anzunehmen sei oder nicht. Zugleich hat er aber auf seine Weise darzulegen versucht, daß das »Sein zum Ende«[27] den Modus des umdeutenden und verhüllenden Ausweichens vor ihm habe. Es komme durchaus auf das »Wovor der Flucht«, wie er sagt, an. Angst macht der Tod vor allem in seiner Deutung als radikales Ende, als Tor ins Nichts. Zum Tabuisieren des Todes in individueller wie gesellschaftlicher Hinsicht treibt sein materialistisches Verständnis.
Solange aber – das hat Heidegger herausgearbeitet – das Sein zum Tode diesem ausweicht, findet es unmöglich zu seiner Eigentlichkeit. »Das alltägliche Sein zum Tode ist als verfallendes eine ständige Flucht vor ihm.« Der Mensch sei aufgefordert, sich mutig der Angst vor dem Tod zu stellen, damit sich im Antizipieren des Todes die Ganzheit der Existenz konstituiere. Zwar ist Heidegger klar: »Enden besagt nicht notwendig Sich-vollenden.« Was er allerdings unter der Ganzheit versteht, die mit dem Tode existenziell vorweggenommen und gewonnen wird, bleibt im ersten Band von »Sein und Zeit« (1927), dem kein zweiter folgte, rätselhaft.
Konkreter wird hingegen Jean Paul Sartre, der in seinem Werk »Das Sein und das Nichts« (1943) den Tod explizit materialistisch-nihilistisch auffaßt und von daher radikal die Möglichkeit bestreitet, das Dasein durch den Tod bzw. durch das vorlaufende Wissen von ihm in seine Ganzheit zu bringen. Der Tod mache das Leben nicht ganz, sondern im Gegenteil absurd, lautet die Antithese zu Heidegger. Alternativ dazu bezieht Sartre den Begriff der Ganzheit auf das Bewußtsein des »Mangels«, das an Ganzheit denken läßt. Der im Werden befindliche Mensch sehe sich dadurch veranlaßt, die man-

gelhafte Wirklichkeit des je Gegebenen je auf den Entwurf von Ganzheit hin selbsttätig zu überschreiten. Doch Sartre weiß, daß der in seiner Vorfindlichkeit unvollkommene Mensch nie einen bleibend realisierbaren Entwurf von Ganzheit für seine Existenz hervorzubringen vermag. Phänomenologisch-realistisch nimmt er wahr, daß der Mensch seine eigene Ganzheit allenfalls als »entganzheitlichte Ganzheit« sein kann. Insofern versieht der Atheist Sartre das menschliche Ganzheitsstreben mit einem nachhaltigen Fragezeichen.

Sartres atheistischer Existentialismus hat etwas Heroisches, indem er auf harmonisierend konstruierte Sinnhaftigkeiten verzichtet. Absurdität wird realistisch akzeptiert, nicht verdrängt, aber auch nicht einfach tatenlos hingenommen. Die metaphysische Leere wird zum Freiheitsraum menschlicher Selbstkonzeption. Damit versucht Sartre, wie er betont, »keineswegs, den Menschen in Verzweiflung zu stürzen. Aber wenn man, wie die Christen, jede Haltung des Unglaubens Verzweiflung nennt, so geht der Existentialismus von der Urverzweiflung aus.«[28]

Tatsächlich wird man das materialistische Todesverständnis dort, wo es philosophisch in seinen Konsequenzen überdacht wird, kaum vom Begriff der Verzweiflung abtrennen können. Das Wissen um diesen *horror vacui* ist ja, wie Heidegger richtig gesehen hat, der innere Grund für die Todestabuisierung derer, die sich ihm nicht oder nicht dauerhaft stellen. Es war ein geschickter Schachzug des Marxismus, die existentielle Verzweiflung angesichts des propagierten Materialismus dadurch zu bagatellisieren, daß das Individuum bagatellisiert wurde, nämlich reduziert auf »das gesellschaftliche Wesen«, auf ein »individuelles Gemeinwesen«. »Der Tod erscheint als harter Sieg der Gattung über das Individuum und ihrer Einheit zu widersprechen; aber das bestimmte Individuum ist nur ein bestimmtes Gattungswesen, als solches sterblich.«[29] Der ganze Trost wurde von daher im zukünftig-utopischen »Reich der Freiheit« erblickt, in einem »kommunistischen Paradies«[30], an das heute kaum mehr jemand glaubt.

Was hätte das auch für ein Paradies sein sollen: ein Himmel Sterblicher! Hier wurde eine Verheißung gepredigt, die schon in sich die materialistische Reduzierung der Hoffnung enthielt; eine Sinnhaftigkeit, die ihren latenten Nihilismus nur tarnte durch den Mythos eines Pseudo-Paradieses! Der Philosoph Ludwig Marcuse hat demgegenüber konsequent eine »Entmythologisierung des Atheismus« propagiert: »Der atheistische Mythos, dessen Gott die dialektische Zeit ist, die sich häutende, immer reinere Kultur, ist die jüngste Illusion.«[31] Indes – was bleibt, ist bei Marcuse »Pessimismus – ein Stadium der Reife«, wie sein diesbezügliches Werk in der ersten Auflage (1953) betitelt war. Am Ende der Einleitung liest man: »Pessimismus wird eine Selbstverständlichkeit werden ... und nie verhindern, daß es Freuden gibt und die himmlische Vielfalt der Lust. Wir Armen sind am wenigsten erzogen, unter einem schwarzen Himmel die Stunden einer kurzen Aufheiterung zu genießen. Aber nur der kann heiter sein, der weiß, was auf ihn wartet.«

Wer weiß, daß der radikal-absolute Tod auf ihn wartet, dem kann der Himmel in der Tat nur schwarz[32] erscheinen, und »himmlisch« darf dann nur noch die Vielfalt irdisch gebotener Lust heißen, von welcher wiederum nur in vergänglichen »Stunden einer kurzen Aufheiterung« zu naschen ist. Hat die mögliche Heiterkeit des Materialisten nicht etwas vom Wesen des Galgenhumors? Der Pessimist, der an nichts Jenseitiges mehr glaubt, darf nach Marcuse »im Heute Paradiesisches sehen«. Aber tut sich in solchen Worten nicht abermals die Tür zur Mythifizierung der Realität auf? Wie schwer ist es doch, den Pessimismus als »Stadium der Reife« durchzuhalten!

Diese Feststellung impliziert durchaus einen tiefen Respekt vor solchem Pessismus. Gegenüber einem spielerischen Umgang mit dem Tod bzw. einem Optimismus, der auf weltanschaulichen, religiösen oder esoterischen Bagatellisierungen basiert, bedeutet er einen Fortschritt in der Wahrnehmung wenn nicht gottverlassener, so doch gottentfremdeter Realität. Gegenüber der regressiven Jenseitsbegeisterung allzu Leichtgläubiger oder einer infantil anmutenden Religiosität stellt er tatsächlich ein deutlich reiferes Stadium dar. Aber entwicklungspsychologisch spricht nichts dafür, daß dies das letzte Stadium sein müßte. Dazu ist der mit bewußtem materialistischem Todesverständnis einhergehende Sinn-Pessimismus psychisch doch zu ungesund!

Wie Viktor E. Frankl, der Begründer der Logo-Therapie, eingehend darlegt, ist der Mensch aufgrund seiner Selbst-Transzendenz, seines wesenhaften Über-sich-selbst-hinaus-Seins ein Wesen auf der Suche nach Sinn. Wo er diese Suche resigniert einstellt, wo er die Frage nach einem letzten Sinn im Kontext eines materialistischen Todesverständnisses negativ beantwortet, dort läßt sich schwerlich sagen, daß er zu seiner Eigentlichkeit gefunden habe! Der seit Nietzsche salonfähig gewordene Nihilismus, der mit existentiellem Pathos in den Verlust eines transzendenten Sinnhorizonts einwilligt, wirkt wie eine heroische Trotzreaktion, die »gerade Sinn aus dem absoluten Sinnverlust saugt«[33]. Der sich selbst zum Ersatzgott gewordene Mensch krankt an seinem Ersatz-Sinn: Die »Krankheit zum Tode« (Sören Kierkegaard) hat er nicht überwunden. Sein im Letzten vorherrschendes Sinnlosigkeitsgefühl, sein weltanschaulicher Pessimismus nagt an seiner seelischen Gesundheit. »So findet sich konsequenter Nihilismus nur in der Psychose.«[34] Die Sinnlosigkeit des Todes bewirkt eine verzehrende Sinnlosigkeit des Lebens: Vor der Klammer steht kein Plus-, sondern ein Minuszeichen.

Wer in bloß halbbewußter materialistischer Gesinnung an die schlichte Diesseitigkeit und Begrenztheit seines Lebens glaubt, also nur einen gemilderten Heroismus angesichts seiner Sterblichkeit lebt, der steht eher unbewußt unter dem neurotischen Zwang, seine befristete Existenz mit Sinnfragmenten anzufüllen. Ihn müssen Niederlagen, Krankeiten, Unfälle, Schicksalsschläge in Panik geraten lassen. Ist nicht der technikgeförderte Hedonismus und Narzißmus unserer Tage ein Ausdruck neurotischer Sinnsuche und Todestabuisierung? Und drücken nicht die sich in aller beruflichen und freizeitlichen Geschäftigkeit manifestierenden »Sinn-Vermeidungsstrategien« indirekt eine existentielle Verzweiflung an der Sinnfrage aus? Eine Gesellschaft, die sich ganz auf das technizistische Prinzip der Machbarkeit eingelassen hat und auch angesichts ökologisch drohender Katastrophen nahezu ungebremst und ungeniert weitermacht, muß den Tod notgedrungen verdrängen oder spielerisch bagatellisieren, weil seine Macht – jene Schreckensmacht, die jederzeit alles Machen abgrundtief in Frage stellt – von diesem Prinzip am Ende nicht erfaßt wird. Auf diese Weise aber ist ein existentielles Gefühl der Sinnlosigkeit »zur Massenneurose von heute geworden.«[35]

Tod und Ganzheit

Der Tod macht menschliches Leben so wenig »ganz«, wie er als »Abrundung« des Lebens verstanden werden kann. Vielmehr ist er Abbruch, und dieses »Ab-Brechen« kennzeichnet das beendete Leben als Fragment. Die Frage nach dem Lebenssinn zielt denn auch allemal über die jeweilige Lebensgrenze hinaus. Sie intendiert das Sinn-Ganze von Wirklichkeit überhaupt, deren Teil jedes vergängliche Leben im Grunde ist. Sie erweist sich als Frage nach dem letzten Sinn, nach dem Sinn schlechthin.

Die Sinnfrage in dieser grundsätzlichen Ausrichtung ist als solche nicht zufällig ebenso alt wie der Materialismus als gesellschaftlich verbreitete Lebensorientierung und Weltanschauung. Sie tauchte erst auf, als Gott »tot« war, also als Erbin der Gottesfrage. Intendiert sie doch nicht weniger als das Sinnganze!

Einige Theologen mögen das bestreiten und von einer bloßen »Götzenfrage«[36] sprechen; manche Philosophen sehen den Sachverhalt deutlicher. »Der Sinn der Welt muß außerhalb ihrer liegen«, notiert Ludwig Wittgenstein in seinem Tractatus logico-philosophicus (6.41) und definiert damit die Frage nach der Transzendenz. Für Leszek Kolakowski mündet gerade die materialistische Sinnverneinungsthese in die kritisch fragende Gegenüberlegung, daß, wenn »die Welt ohne Sinn wäre, wir niemals so weit gekommen wären, uns nicht nur das Gegenteil vorstellen zu können, sondern genau dies denken zukönnen: daß ... die Welt ohne Sinn ist«[37]. Tatsächlich impliziert die materialistisch motivierte Rede von der Sinnlosigkeit bereits den Gedanken einer transzendenten Sinnganzheit, dessen Negierung angesichts der Geistigkeit der Fragestellung wenig Evidenz besitzt – übrigens auch für viele Naturwissenschaftler nicht! »Den Sinn des Lebens begreifen wir erst, wenn wir den Sinn des Todes begreifen«, hatte der bekannte Biologe Joachim Illies kurz vor seinem Tode im Juni 1982 geäußert.

Den letzten Sinn können Menschen nicht machen, sondern bestenfalls finden, wenn er sich denn finden läßt. Allgemein offenbar ist er nicht, wie der Streit der Religionen und Weltanschauungen untereinander zeigt. Aber die Hoffnung auf sein Offenbarwerden gibt all denen Auftrieb, die sich mit materialistischen Reduktionen der Wirklichkeit nicht zufriedenstellen lassen. Tatsächlich hat die sogenannte Sinnfrage wesenhaft mit der menschlichen Grundhaltung des Hoffens zu tun.

Daß Hoffen prinzipiell als ein Ausdruck der Dynamik des menschlichen Geistes zu verstehen ist, weiß die Psychologie unserer Tage so genau, wie es frühere Generationen intuitiv wußten. Versteht man unter Hoffnung »ein in die Zeitperspektive gestelltes Vertrauen«[38], dann zeigt sich, daß bereits das kindliche »Urvertrauen« als eine grundlegend und bleibend wichtige Dimension psychischen Lebens existentiell »Urhoffnung« mit umfaßt. Die verbreitete Rede vom Urvertrauen muß insofern durch die von der »Urhoffnung« ergänzt werden. Erik Erikson hat auf das psychologische Faktum hingewiesen, daß die Struktur intensiver Hoffnung bereits dadurch konkret in die Bildung des Urvertrauens hineinverwoben wird, daß »Zeitzyklen und Zeitqualitäten der ersten Erfahrung von wachsender Bedürfnisspannung, Befriedigungsaufschub und schließlicher Vereinigung mit dem bedürfnisstillenden ›Objekt‹« die frühen Eindrücke des Säuglings prägen.[39] Insofern kennzeichnet das von Erikson herausgearbeitete »Urvertrauen« von Anfang an ein zukunftsorientiertes Identitätsgefühl, das sich mit den Worten »Ich bin, was ich an Hoffnung habe und einflöße« umschreiben läßt. Man kann in Anlehnung an psychoanalytische Denkschemata ausdrücklich von einem Finalitätsbedürfnis sprechen, das spätestens aus dem Zerbrechen der Mutter-Kind-Symbiose resultiert.[40] Von daher erklärt sich der psychologische Umstand, daß das Maß unserer Hoffnung stets größer bleibt als die Befriedigung über das, was uns Sicherheit zu geben scheint. Menschliches Hoffen trägt in sich die Tendenz, alle Ungeborgenheit, alle Unheilserfahrung, aber auch alle vorläufigen Geborgenheits- und Heilserfahrungen zu transzendieren. Mit dem Religionssoziologen Peter L. Berger formuliert: »Hoffnung, die den Tod negiert, gehört offenbar zum Kern unserer *Humanitas*.«[41] Das bedeutet: Hoffnung will sich ganzheitlich, also gerade auch im Hinblick auf die große Verunsicherung des am Ende unausweichlich drohenden Todes bewähren.

Als Heidegger von der Ganzheit sprach, die im existentiellen Vorlauf zum Tod zu gewinnen sei, war der Ganzheitsbegriff gerade in Mode gekommen. Er hatte während der ersten Jahrzehnte des 20. Jahrhunderts in den verschiedenen Zweigen der mit Anthropologie befaßten Wissenschaften erfolgreich Fuß gefaßt. Im Kampf gegen die kausalanalytische Methodik des 19. Jahrhunderts und gegen eine nur verobjektivierende Betrachtung des Menschen hatte er sich nicht nur in der Medizin und der Biologie etablieren können, sondern ebenso in der Psychologie, Pädagogik, Soziologie – und eben in der Philosophie. Als anthropologischer Begriff aber blieb er auf die Dimension des Diesseitigen beschränkt. Theologische Nachschlagewerke schweigen sich über ihn bis heute aus.

Indem ihn Heidegger nun auf den Tod bezog, kam er – unbeabsichtigt und kaum bemerkt – mit der Frage der Transzendenz wieder in Berührung. Sollte sinnvoll von der Ganzheit des Menschen die Rede sein, nämlich auch unter Berücksichtigung seiner Sterblichkeit, so mußte der Gedanke an Gott als Schöpfer und Vollender, ja als Sieger über den Tod neu zur Sprache kommen. Keine religiöse Hoffnung aber weiß ganzheitlicher von der Zukunft des Menschen zu reden als die christliche Auferstehungshoffnung mit ihrem positiven Bezug auf die Leiblichkeit, auf die einst vom Geist Gottes durchdrungene Diesseitigkeit.

Ganzheit ist nach neutestamentlichem Maßstab erst dort erreicht, wo das Verhältnis zwischen Gott und Mensch »ganz« geworden, geheilt ist: vorläufig in der Gegenwart des Glaubens, endgültig in der Zukunft der verheißenen Vollendung. Der von »ganzem Herzen« Glaubende (Apg. 8,37) ist schon der ganze Mensch, nämlich vor Gott gerecht, »ganz rein« (Joh. 13,10). Diese indikativische Ganzheit wird existentiell auch zum Imperativ: »Ihr sollt ganz sein, wie auch euer Vater im Himmel ›ganz‹ ist« (Mt. 5,48, übersetzt von Dietrich Bonhoeffer). Da aber Vollkommenheit auch von Christen diesseits des Todes nicht erreicht wird, liegt es am Tage, daß solche »Ganzheit« im Glauben immer eine vollendungsbedürftige bleibt, angewiesen auf ihre gnädige Bewahrheitung im Auferstehungsleben des verheißenen Gottesreiches, das die Wirklichkeit auf eine neue Basis stellen wird. Insofern genügt es nicht, etwa mit Friedrich Gogarten zu sagen, daß die Ganzheit als Heil nichts anderes denn »Gott selbst« sei.[42] Hat sich doch in Jesus Christus »Gott selbst« als der Schenkende, Heilende, Vollendende erschlossen, der gewiß um seiner selbst willen und eben deshalb als dieser Schenkende, Weltzugewandte geliebt sein will! Die auf Gott bzw. Christus gerichtete Personalisierung des Heils darf folglich nicht gegen dessen alle Kreatur einschließende Realisierung ausgespielt werden. Heil als

ganzheitliches Gottesverhältnis wird vielmehr in umfassender Weise erst dann Wirklichkeit geworden sein, wenn der Tod völlig besiegt und der Schöpfer »alles in allem« sein wird (1. Kor. 15,28).
Die neuzeitliche Abwendung von der christlichen Auferstehungshoffnung läßt allenfalls vergleichsweise kleinere, begrenztere Hoffnungen zu, welche dann nachchristlichen Charakter tragen. Entsprechend reduziert fallen notgedrungen die jeweiligen Heilsbegriffe aus: Sie werden säkularisiert, mythisiert – oder beides auf einmal! Im Hunger nach »Ganzheit« wird schnell akzeptiert, was sich unter diesem Stichwort anbietet – ob im Zeichen eines synkretistischen »New Age«, im Kontext des Feminismus oder eines ausgesprochenen Neuheidentums.[43] Indem aber Ganzheit dann weder phänomenologisch-real noch eschatologisch, sondern utopisch-ideal aufgefaßt wird, stellt sie sich in ihrer Differenz zur gegebenen Wirklichkeit für den menschlichen Willen keineswegs nur als Motiv, sondern gleichzeitig als Gesetz dar. Das Postulat der Ganzheitlichkeit entwickelt angesichts der Fraglichkeit menschenmöglicher Verwirklichung von Heilsstrukturen leicht den Charakter von Gesetzlichkeit.
Wo die Hoffnung auf Gottes Geschenk eines neuen Himmels und einer neuen Erde nicht mehr lebendig ist, dort bleibt nichts anderes, als die Hoffnungsintentionen restlos auf die bestehende Welt einschließlich ihrer eventuellen jenseitigen Dimensionen zu beziehen. Bildet dann aber der Dualismus von Diesseits und Jenseits den spekulativen Denkrahmen, so liegt es nahe, den Tod spiritualistisch zu beschönigen. Ein wirklich ganzheitliches Menschenbild kommt damit nicht in Frage.

II. Okkultismus: Das bagatellisierte Jenseits

Jenseits – das ist ein Begriff, der zunächst nur negativ besagt: Nicht-Diesseits, nicht die vorfindliche, bekannte Weltwirklichkeit. Darum motiviert er das menschliche Denken zu allerlei Spekulationen, Visionen, Befürchtungen und Hoffnungen. So vielfältig, wie er gefüllt werden kann, ist er denn auch im Laufe der Menschheitsgeschichte inhaltlich variiert worden.[1] Zwei verschiedene Grundaussagen verbinden sich mit ihm: Die eine nimmt als »Jenseits« den verborgenen Teil der Weltwirklichkeit in den Blick; die andere versteht den Begriff radikaler als die Jenseitigkeit im Gegenüber zu aller Weltwirklichkeit: »Gott ist mein Jenseits«[2].

Wo Gott selbst als das entscheidende »Jenseits«, als die maßgebliche Zukunft geglaubt wird, dort kann einem »dinghaften« Jenseits schwerlich größere Bedeutung zukommen. Wo von Gott der Sieg über den Tod erhofft wird, dort richtet sich die Hoffnung auf eine neue, von der Transzendenz durchdrungene Diesseitigkeit, auf eine neue Erde und einen neuen Himmel, nicht aber auf einen »Jenseitshimmel«. Letzterer spielt nur dort eine gewichtigere Rolle, wo Gottes Rolle noch keine Bedeutung hat oder bereits wieder an Bedeutung verliert. Und das ist überall dort der Fall, wo der Sieg über den Tod keine Rolle spielt, weil er sozusagen als eine natürliche Gegebenheit gilt. Setzt man gegenüber der materiell bedingten Sterblichkeit des Leibes eine spirituell bedingte Unsterblichkeit der Seele, dann ist der Tod nur noch eine Bagatelle. Dann sind Jenseits und Diesseits überhaupt nur verschiedene Seiten einer einzigen Natur, die in grob- und feinstoffliche Teile, in niedrigere und höhere Schwingungen eingeteilt ist. Von diesem spiritualistischen Jenseitsglauben, der spielerisch den Tod beschönigt, handelt das ganze Gebiet des Okkultismus.

Der Begriff des Okkultismus geht auf den französischen Kabbalisten Eliphas Lévi (1810–1875) zurück, der auch den Ausdruck »Esoterik« geprägt hat. Beide Worte bezeichnen letztlich dasselbe, nämlich die Überzeugung, daß die sichtbare Welt nicht die einzige und ganze Wirklichkeit ist, sondern von einer größeren, übersinnlichen Welt umschlossen wird, wobei zwischen beiden Welten enge

Analogien bestehen und Kommunikation möglich, ja wünschenswert ist. Während der lateinische Wortstamm von »Okkultismus« auf das Geheime als das »verborgene« Tun oder die »verborgene Wirklichkeit« hinweist, hebt der aus dem Griechischen herkommende Begriff »Esoterik« auf das Geheime als das »Innere«, auf Geheimzirkel oder auf das nur der geistseelischen Innenwelt Zugängliche ab. Da aber der Okkultismus-Begriff mit der »-ismus«-Endung das Ideologische dieser Weltanschauung besser ausdrückt als der Wissenschaftlichkeit suggerierende und darum in entsprechenden Kreisen beliebtere[3] »Esoterik«-Begriff, dürfte er für eine kritische Auseinandersetzung den höheren Gebrauchswert haben. Jedenfalls geht es Okkultisten bzw. Esoterikern um ein Wirklichkeitsverständnis, das im Kontext der Neuzeit einer materialistischen Auffassung von Welt, Leben und Tod entgegengesetzt ist. Nach Peter Sloterdijk stellt der Okkultismus eine »zu oft humorlose und verkniffene Notwehr des metaphysischen Sinns gegen die Zumutungen einer materialistischen Kulissenontologie«[4] dar.

Zur archaischen und gnostischen Mythologie

Als eine »Notwehr« gegen den Materialismus mag vielleicht der Okkultismus der Neuzeit gelten. In seiner Urgestalt aber lebt der Umgang mit dem Okkulten keineswegs vom Gegensatz zum säkularisierten Wirklichkeitsverständnis, sondern mit Selbstverständlichkeit im Horizont einer mythischen Weltauffassung. Der Mythos[5] kennt das Jenseitige als Teil und Aspekt der Natur, als deren Verborgenes, als deren zweites Stockwerk. Das Geistige und das Materielle sieht er nicht im Verhältnis des Gegensätzlichen, sondern des Analogen. Die Wirklichkeit stellt sich ihm als eine vielschichtige Einheit mit vielen Göttern und Geistwesen dar. In Entsprechung zu diesem archaischen »Spiritualismus« bzw. Animismus der Mythologie definiert Adolf Köberle den Okkultismus im Lexikon »Die Religion in Geschichte und Gegenwart« (3. Auflage) als »Sammelwort für die Fülle der geheimnisvollen Kräfte und Beziehungen, die im Bereich der Seele, im Haushalt der Natur und zwischen diesen beiden Größen wirken.« Der Okkultismus gehe aus von der magischen Überzeugung der Allbeseeltheit aller Dinge.

So sehr es dem Okkultismus mithin um die »zweite Wirklichkeit« (Adolf Holl) zu tun ist, so sehr meint er damit lediglich die übersinnliche Seite der einen Gesamtwirklichkeit. Der Dualismus im mythischen und okkulten Denken schließt den Monismus nicht aus, sondern fordert ihn letztendlich. Es handelt sich um einen nicht nur theoretischen, sondern praxisrelevanten Monismus. So definiert der engagierte Okkultist und ehemalige katholische Pfarrer Hans-Dieter Leuenberger die Esoterik »als das Wissen um eine Energie, die in allem vorhanden ist und sich durch alles ausdrücken kann ... Durch diese Energie wird der ganze Kosmos lebendig erhalten und einer höheren Ordnung unterworfen.«[6] Als einem Teil der monistisch verstandenen Wirklichkeit stehen dem Okkultisten potentiell alle nur denkbaren Tore offen. Zugleich ist er Sklave ewiger Gesetze, wie er denn auch das Mysterium des Tod notgedrungen bagatellisieren muß: »Keine Form bleibt bestehen. Das Sein ist eine Folge von Wellen, eine ewige Bewegung.«[7]

Die moderne Esoterik läßt sich rundweg als Wiederbelebung archaischer Denkmuster im Gewand der Neuzeit bezeichnen. Beispielsweise scheuen Okkultisten unserer Tage nicht im Geringsten vor einer Renaissance schamanistischer Theorien und Praktiken zurück. Neuheidentum, Astrologie, Hexenzauber, Satanismus, Geisterglaube – in all dem drückt sich eine »Rückkehr zum Mythos« (Raimundo Panikkar) aus. Der neuzeitliche Denkrahmen korrigiert allerdings das mythische Schema von der ewigen Wiederkehr bzw. vom zyklischen Geschehen: Durch das Einbringen einer evolutionistischen Sicht ermöglicht er einen spiritualistischen Fortschrittsglauben. Doch Ansätze hierzu sind ebenfalls bereits in einer späteren Form der Mythologie zu finden, nämlich in der gnostischen. Diese hat, kurz gesagt, Elemente archaischer Mythologie unter dem Einfluß antiker Mysterienkulte und pythagoräisch-platonischer Metaphysik sowie des spätantiken Synkretismus in eine neue Form gegossen.

Was bedeutet der Begriff des Gnostischen? Er leitet sich ab von dem altgriechischen Wort für »Erkenntnis«: »Gnosis« ist zum Namen für eine charakteristische Form spiritualistischer Mythologie geworden, wie sie vor allem in der Spätantike in zahlreichen Variationen aufgetaucht ist. Intendiert ist die Erkenntnis des Wesens von Gott, Götterwelt, Materiewelt und Mensch in ihrem dynamischen

Zusammenhang. Von daher gibt es nach Hans Jonas drei Ausdrucksweisen der »Gnosis«[8]. Sie begegnet erstens als »technisches Geheimwissen« von zauberkräftigen Formeln und Verhaltensmaßregeln für die jenseitige Himmelsreise der Seele. Zweitens kann sie sich als »innere Magie« darstellen, die quasi alchemistisch dem Geist eine unangreifbare Qualität verschafft. Und drittens bedeutet sie die rein geistige Aufklärung über Ursprung, Sein und Heil. In allen Fällen geht es letztlich um Gnosis als »Selbst-Erkenntnis«, als esoterisches Bewußtsein der Identität des Erkennenden mit dem göttlichen Urgrund. Solch göttliches Selbstbewußtsein aber scheint leicht zum Magischen zu tendieren, zur okkulten Kontrollausübung über Diesseitiges und Jenseitiges. So berichtet der Neuplatoniker Plotin in seinen »Enneaden« (II, 9,14) von »schändlichen Beschwörungen«, mit denen die Gnostiker sich an die oberen Himmelswesen wenden, um sie ihren Zwecken dienstbar zu machen. Magier können das Herabfließen der »Gnade« herbeirufen. Der Gnosisforscher Kurt Rudolph erklärt: »Man verläßt sich nicht bloß auf den heilsbringenden Charakter der ›Erkenntnis‹ und den ›naturhaften‹ Erlösungsprozeß, sondern auf handgreiflichere Sachen, wie Schutz- und Erkenntniszeichen (›Siegel‹), magische Sprüche und Totenzeremonie.«[9]

Zur Grundstruktur gnostischer Mythologie gehört vor allem eine Erklärung des Umstands, warum der göttliche »Seelenfunke« faktisch im vorfindlichen Leibe, in der vergänglichen Welt existiert, zu deren materieller Wirklichkeit er seinem Wesen nach gar nicht gehört. Seelisch-geistige Unsterblichkeit und todbeherrschte Realität fallen polar auseinander. Gnosis als mythologisch-spekulative Geist-Metaphysik entfaltet also die Perspektive eines Prozesses, der von einer Minderung der Erkenntnis in himmlischen Sphären über die daraus folgende Involvierung göttlicher Elemente in die materielle Welt bis hin zur Rückkehr in den rein geistigen Urzustand führt.

Die präexistente »Psyche« wird als mindestens potentiell unsterblich aufgefaßt, der Tod als Tor zum Aufstieg in himmlische Dimensionen bagatellisiert: »Nehmt teil an der Unsterblichkeit und verlaßt die Vergänglichkeit!«[10] Jenseitsvisionen als okkulte Kundgaben locken. Diese Sicht war von jeher schwer zu vermitteln mit der biblischen Hoffnung auf die Auferstehung der Toten im von Gott erneuerten Diesseits. Darum versuchten Gnostiker, sie symbolisch aufzufassen und entsprechend umzuinterpretieren. Der Jüngste Tag wurde gestrichen. Als »Auferstehung« umschrieb man nun die Rückkehr des göttlichen Lichtfunkens in die oberen himmlischen Dimensionen jenseits des Todes, aber auch schon den Gnosis-Akt des mystischen Erwachens diesseits des Todes. Solchem restlos spiritualisierten Auferstehungsverständnis stellten die Apologeten der Frühkirche zur Verdeutlichung ihrer kosmisch-universalen Hoffnung die antignostische Formel von der »Auferstehung des Fleisches« entgegen, wie sie dann auch ins Apostolische Glaubensbekenntnis übernommen wurde. Nachdem der Sinn dieser Formel für moderne Zeitgenossen zunehmend unverständlich geworden war, hat man übrigens die deutsche Wiedergabe im Glaubenskenntnis zugunsten der grundsätzlichen Formel von der »Auferstehung der Toten« revidiert – dies allerdings zu einem Zeitpunkt, als in unserer Gesellschaft soeben eine Religiosität Breitenwirkung zu erzielen begann, die deutlich neugnostische Züge mitbeinhaltete.

Überhaupt begegnet das gnostische Grundschema keineswegs nur im Gnostizismus der Spätantike. Um die Mitte unseres Jahrhunderts, also nur wenige Jahre, nachdem die Gnosisforschung durch umfangreiche Schriftenfunde neuen Auftrieb bekommen hatte, hat Gilles Quispel die These aufgestellt, als Weltreligion an und für sich sei die Gnosis zu allen Zeiten dieselbe[11]. Einige Jahrzehnte später äußert auch der Gnosis-Experte Alexander Böhlig, er komme angesichts zahlreicher einander widersprechender Hypothesen über den religionsgeschichtlichen Ursprung der Gnosis zu der Überzeugung, diese sei »im Menschen von vorneherein als Möglichkeit angelegt«, und die historische Größe des spätantiken Gnostizismus sei »eine Entfaltung der allgemein menschlichen religiösen Erscheinung Gnosis.«[12]

Also handelt es sich bei der Gnosis um ein in verschiedenen Philosophien und Religionen anzutreffendes Empfinden, um ein esoterisches Denken, das urtümlich mit ekstatisch-mystischen Erfahrungen führender Gnostiker zu tun gehabt haben dürfte und sich in immer neuen Varianten um die Grundüberzeugung von der im Menschen verborgenen, seine Vergänglichkeit transzendierenden göttlichen Geist-Natur gruppiert. In ausgesprochen neugnostischen Strömungen der Moderne kehrt es gut erkennbar wieder. Na-

mentlich der moderne Okkultismus orientiert sich zum Teil an gnostischer, zum Teil aber eher an archaischer Mythologie, zum Teil auch an Mischformen beider, wie sie sich im Zuge eines evolutionistischen Monismus nahelegen.
Bekanntlich hat sich der Gedanke einer ontologischen Unsterblichkeit der Seele vor allem auch in der Metaphysik hochreflektierter Philosophen etabliert. Mythische Grundauffassungen vom Tode sind dabei nur teilweise ge- oder zerbrochen, teilweise hingegen durchaus bewahrt worden. In seiner philosophischen Gestalt hat sich der Unsterblichkeitsgedanke auch in der altkirchlichen Theologie in breitem Maße einnisten können; im Jahre 1513 wurde er sogar dogmatisiert. Die protestantische Kritik solch problematischer Verniedlichungen des Todes wird heutzutage auch von der katholischen Theologie verstärkt akzeptiert. So heißt es im »Lexikon für Theologie und Kirche« zum Begriff der Unsterblichkeit: »Vorstellungen, nach denen ... der Tod als ›Trennung von Leib und Seele‹ oder sogar als Befreiung der Seele aus der Leiblichkeit zu verstehen sei, werden von der biblischen Botschaft über den Menschen als in Frage gestellt angesehen und gerade von der jüngeren Theologie ihrer außerbiblischen Herkunft überführt.«

Okkultismus in biblischer Perspektive

Die Bibel ist voll von Zeugnissen »verborgener Wirklichkeit«, sowohl im positiven wie im abwehrenden Sinn. Positiv weiß sie um das Wirken des zwar verborgenen, aber in Wort und Tat sich offenbarenden Gottes inmitten der diesseitigen Welt. Dieses findet nach neutestamentlicher Perspektive seinen innerzeitlichen Höhepunkt in der Menschwerdung des »Wortes Gottes«, im Kommen Jesu Christi. Der Himmel gilt als transzendente Dimension Gottes selbst, der Engelwesen zugeordnet werden können.
Kritisch sieht die Bibel durchweg alles Okkulte, nämlich alles mit Jenseitigem Befaßte, das bewußt oder irrend an Gott und der von ihm kundgetanen Wahrheit vorbeigeht. Eine mögliche Begründung ist die Zuordnung des Okkulten zum Herrschaftsgebiet des Satans. Doch kommt diese Engelsfigur in vielen Büchern der Bibel gar nicht vor; ihre mythologisch gefärbte, hier und da unterschiedlich aufge-

faßte Gestalt[13] bildet nicht den eigentlichen Grund für die biblische Abwehr des Okkulten. So finden sich bereits im Alten Testament deutliche anti-okkultistische Worte, ohne daß vom Teufel und seinen Dämonen die Rede sein muß. Daß sich der Gedanke an den lebendigen Gott nicht mit okkultistischer Religiosität verträgt, unterstreichen verschiedene Aussagen in den Geschichtsbüchern (1. Sam. 15,23; 28,3; 2. Kön. 23,24; 1. Chr. 10,13f), im Jesajabuch (8,19) und in den Gesetzesbüchern (Lev. 19,26.31; 20,6.27; Dtn. 26,14). Ausdrücklich heißt es im 18. Kapitel des Deuteronomiums: »Wenn du in das Land kommst, das dir Jahwe, dein Gott, geben wird, so sollst du nicht lernen, die Greuel dieser Völker zu tun, daß nicht jemand unter dir gefunden werde, der seinen Sohn oder seine Tochter durchs Feuer gehen läßt oder Wahrsagerei, Hellseherei, geheime Künste oder Zauberei treibt oder Bannungen oder Geisterbeschwörungen oder Zeichendeuterei vornimmt oder die Toten befragt.«

Die Christus-Botschaft des Neuen Testamentes brachte vielfache Befreiung von Ängsten und Belastungen, wie sie mit dem mythologischen Okkultismus einherzugehen pflegten. Dem Wahn von allerlei zu beachtenden verborgenen Einflüssen und Mächten und der Hybris religiöser Selbsterlösung trat siegreich das Evangelium von der Barmherzigkeit des allmächtigen Gottes entgegen, die in dem gekreuzigten und vom Tod auferstandenen Jesus Christus anschaulich und jedermann in Glaube und Hoffnung zugänglich geworden war. Zauberei und Götzendienst wurden als Werke des »alten«, noch nicht von der Gottesherrschaft ergriffenen Menschen gebrandmarkt (Gal. 5,20; Offb. 9,21; 22,15). Der Magier Simon, wahrscheinlich ein früher Gnostiker, galt als »nicht rechtschaffenen Herzens«, wenn er glaubte, die Macht des heiligen Geistes kaufen zu können (Apg. 8). Ein Okkultist namens Bar-Jesus wurde von Paulus als »Kind des Teufels« angeredet (Apg. 13,10). Aber die astrologischen Magier aus dem Morgenland wurden keineswegs verteufelt: Nachdem sie dem Jesuskind gehuldigt hatten, wies ihnen Gott durch einen Traum die Richtung ihrer Heimreise an (Mt. 2,12). Für eine pauschale Dämonologisierung alles Okkulten ist das Neue Testament nicht zu haben. Jesu Reden vom Teufel hat etwas ebenso Kräftiges wie Symbolisches.

Gewiß, Jesus hat Dämonen ausgetrieben – aber nicht, um okkultmagische Fähigkeiten zu demonstrieren, sondern um Menschen zu heilen, ihnen das Heil der in ihm gegenwärtig gewordenen Gottesherrschaft zu bringen. Gewiß, er ist als vom Tode Auferstandener seinen Jüngern erschienen – aber nicht, um als Geist einen Materialisationseffekt vorzuführen (Luk. 24,39), sondern um als Erstling des ewigen Lebens von der Zukunft erneuerter Geschöpflichkeit Zeugnis zu geben (1. Kor. 15,20). Gewiß, Paulus hat so etwas wie eine »Seelen-Exkursion« in den »dritten Himmel« erlebt (2. Kor. 12,22) – aber nicht als esoterische Jenseits-Reise, sondern als persönliche Offenbarung, derer er sich nicht rühmen will. Gewiß, in Gottesdiensten haben Propheten Geistgewirktes auszurichten – aber nicht als spirituelle Engelsbotschaften, sondern als Worte des lebendigen Gottes, die sich an Person und Werk Jesu Christi als dem einen Wort Gottes messen lassen müssen.

Im Blick auf das angemessene Verstehen des Wortes Gottes ist für heutigen Christenglauben eine wichtige Unterscheidung angesagt: Es gilt bei der Frage nach dem, was wirklich von Gott kommt, mehr oder weniger mythische Anteile im Welt- und Menschenbild der Bibel von der eigentlichen Botschaft abzuheben. Nicht etwa, daß das, was nicht von Gott kommt bzw. was für den christlichen Gottesglauben nicht wesensnotwendig ist, vom Teufel sei! Aber es gibt Vorstellungsformen, die für die Zeitgenossen der biblischen Geschichten so unverzichtbar waren, wie sie heute als störend oder anachronistisch empfunden werden müssen. Der Inhalt des Evangeliums darf mit diesen Formen nicht verwechselt werden – das wäre ein fundamentalistisches[14] Mißverständnis! Die theologische Forschung des 20. Jahrhunderts hat deutlich machen können, daß der Prozeß einer Entmythologisierung bereits innerhalb der Bibel begonnen hat. Alt- und vor allem neutestamentlicher Glaube sprengen die Kategorien mythisch-okkulten Denkens, um den Blick frei und das Herz offen zu machen für den Herrn, der an seiner Schöpfung heilbringend gehandelt hat und handeln wird. Die Grenzen solcher Entmythologisierung liegen dort, wo ihre Überschreitung nur zum Rückfall in (quasi-)mythische Denkkategorien führen muß[15]. Eine solche Grenze bildet die universale Hoffnung auf den Gott, »der da lebendig macht die Toten und ruft dem, was nicht ist, daß es sei« (Röm. 4,17). Gerade um dieser großen Hoffnung willen dürfen und müssen Jenseits-Spekulationen entmythologisiert werden, die Unwesentlichem Gewicht zuerkennen und dadurch das Gewicht des wahren Jenseitigen, der da ist und der da war und der kommt, unwillkürlich bagatellisieren.

Der neuzeitliche Spiritualismus

In nachbiblischer Zeit entwickelt sich bei vielen Christen eine spekulative Jenseitsfrömmigkeit. Zunehmend verliert der Ausblick auf das zukünftige Gottesreich an Gewicht, während die himmlische Welt »droben« alles Interesse auf sich zieht. Auf dieser Basis kann okkultes Gedankengut gedeihen. So berichtet Martin Luther von Papst Gregor dem Großen (gestorben 604): »Derselbe zeigt viele Beispiele von Geistern, die erschienen sind, welchen er als ein guter, frommer und einfältiger Mann geglaubt hat, dazu auch von fliegenden Lichtern und Irrwischen, denen er geglaubt hat, als wären's Seelen – welche doch die Heiden vorzeiten nicht für Seelen gehalten haben und in bezug auf welche nun offenbar ist, daß es Teufel sind.«[16] Luthers Interpretation polemisiert insbesondere gegen die Erscheinungen von Armen Seelen aus dem Fegfeuer, die nach etlichen gelesenen Messen endlich kundtun, erlöst gen Himmel zu fahren. Das alles sei Teufelsbetrug, und selbst wenn es gute Seelen wären, solle man sich von ihnen nicht belehren lassen über das hinaus, was Christus lehre.

An Christus als der maßgeblichen himmlischen Person kommen auch mittelalterliche und nachmittelalterliche Okkultisten schwerlich vorbei. Gewiß, sie deuten ihn und sein Heilswerk etwas um, ähnlich wie das die alten Gnostiker verstanden. Aber es ist immer noch ein christlicher Spiritualismus, der sich zunehmend hervortut, als der neuzeitliche Materialismus sich auszubreiten beginnt. Bis kirchliche Theologen die Herausforderungen der neuen Epoche begreifen, hat sich okkultes Denken längst formiert und in Kampfbereitschaft begeben. Aufgeklärter Diesseits-Orientierung wird ausführliche Jenseits-Aufklärung gegenübergestellt. Materialistisch orientierte Naturwissenschaft wetteifert mit spiritualistischer Himmelskunde um die Gunst der Menschen, die den kopernikanischen Schock noch kaum verkraftet haben.

Daß es aber nicht nur um weltanschauliche Konkurrenzkämpfe

geht, sondern um die Möglichkeit eines komplementären Verhältnisses der strittigen Perspektiven, das wird in dem Mathematiker und Naturwissenschaftler Emanuel *Swedenborg* (1688–1772) plastisch. In seiner Person kündigt sich die »Dialektik der Aufklärung« sinnenfällig an: Der neuzeitlich-technischen Vernunft hat er ausgiebig Tribut gezahlt, als ihn die Geisterwelt einholt. Insofern ist es wenig verwunderlich, daß sich die Inhalte seiner Jenseits-Offenbarungen mit aufklärerischen Ideen wie Gott, Unsterblichkeit, Vernunft, Tugend, Freiheit und Fortschrittsglauben in bemerkenswertem Einklang befinden, wie andererseits die christliche Trinitäts- und Versöhnungslehre aufklärerischem Denken gemäß verworfen werden. [17]

Als Philosoph der Aufklärung ist Immanuel Kant auf Swedenborg in der kleinen Schrift »Träume eines Geistersehers, erläutert durch Träume der Metaphysik« (1766) eingegangen, in der er ihn als »Erzphantast unter allen Phantasten« bezeichnet. Die Kritik Kants richtet sich keineswegs gegen die Überzeugung von der Unsterblichkeit der Seele, sondern gegen Swedenborgs mangelnde Berücksichtigung des Umstands, daß die Geisterwelt nicht mehr in den Kategorien von Raum und Zeit zu denken sei. Immerhin offenbaren die Engel dem Geisterseher, es gebe im Himmel nicht Zeit noch Raum im irdischen Sinne. »Das Ausgedehnte gleicht dort nicht dem Räumlichen der Welt. In der Welt ist es begrenzt und läßt sich messen, im Himmel unbegrenzt und unermeßlich.« [18] Was so reflektiert anhebt, hält sich aber nicht recht durch. Man erfährt, es gebe im Himmel so wie auf der Erde Osten, Süden, Westen und Norden, bestimmt durch die geistige Sonne. »Der Abstand zwischen Sonne und Mond im Himmel beträgt 30 Grad«, ist also – abgesehen von der kuriosen Vorstellung eines jenseitigen Mondes – nun doch etwas Meßbares! In den himmlischen Kirchen – auch ein Kuriosum! – steht der Prediger im Osten auf einer Kanzel, und die Hörer sitzen um ihn herum im Halbkreis. Außerdem liest man einerseits, Engel hätten keinerlei Begriff von Zeit: »Im Himmel gibt es keine Jahre und Tage, sondern stattdessen Zustandsveränderungen.« Andererseits werden immer wieder zeitliche Prozesse beschrieben, wie ja überhaupt »Zustandsveränderungen« nicht zeitlos zu denken sind.

So christlich sich im übrigen der Jenseitsspezialist zu geben versucht

– mit einer endzeitlichen Wiederkunft Christi zur Auferstehung der Toten und Erneuerung der Welt kann und will er nichts anfangen. Was die Bibel davon aussage, sei symbolisch zu nehmen und bedeute das Eintreffen unmittelbarer Offenbarung, wie sie nun durch ihn hindurch erfolge. Also solle der Kirchenchrist »nicht länger in seinem irrigen Glauben hinsichtlich der Letzten Dinge«[19] verharren, sondern dem Neuoffenbarer Swedenborg lauschen: Hat doch »der Herr das Inwendige meines Geistes aufgeschlossen und mir gegeben, mit all denen, die je bei Leibes Leben gekannt hatte, nach ihrem Tode zu reden ... Sie baten mich zu sagen, daß sie nicht tot seien, sondern jetzt ebenso als Menschen lebten wie zuvor; sie seien nur von einer Welt in die andere hinübergegangen und wüßten nicht, daß sie dabei irgendetwas verloren hätten, da sie wie zuvor über einen Leib und alle Sinne verfügten.« Das bloße »Hinübergehen« wird als »Auferweckung«[20] kaschiert, was aber nicht darüber hinwegzutäuschen vermag, daß ein Spiritualist den Tod kaum effektiver bagatellisieren könnte!

Auf diese Weise gerät das Jenseits freilich ins Fahrwasser der Trivialisierung. Die Geisterwelt wird bei Swedenborg zur direkten Fortsetzung des Diesseits. In sie gelangt der Mensch unmittelbar »nach dem Tode zuerst, um dann nach vollbrachter Zeit, je nach seinem Leben in der Welt, entweder in den Himmel erhoben oder in die Hölle geworfen zu werden.« Einem Tal zwischen Bergen und Felsen gleiche die Geisterwelt; die Hölle sei von ihr aus nur durch Löcher, Spalten oder breitere Klüfte zugänglich. Auch der Himmel sei auf allen Seiten »eingezäunt«[21]. Das darf man sogar im übertragenen Sinne verstehen, denn in Ablehnung der reformatorischen Gnadenlehre betont Swedenborg, »daß niemand aus unmittelbarer Barmherzigkeit in den Himmel aufgenommen werden kann.« Diese Verwerfung wird im neuzeitlichen Okkultismus noch häufig begegnen: Das Wort vom Kreuz bleibt auch im spiritistisch angezapften Jenseits eine Torheit!

Swedenborgs Himmelsdeutung offenbart auf ihre Weise, was die Aufklärung insgesamt vollbringt: Sie führt von der theo- und christozentrischen Perspektive zur anthropozentrischen. »Ein in der Welt noch unbekanntes Geheimnis besteht darin, daß der Himmel in seinem Gesamtumfang einen einzigen Menschen darstellt.«[22] Ebenso habe jede der himmlischen Gesellschaften die Form eines

Menschen. Dasselbe sei von den Engeln zu sagen; Swedenborg versichert, »daß die Engel in jeder Hinsicht Menschen sind, ... außer daß sie nicht mit einem materiellen Leib überkleidet sind.« Aber auch das seien sie früher einmal gewesen, denn alle Engel, ob im Himmel oder in der Hölle, seien »aus dem menschlichen Geschlecht hervorgegangen« (was andere Geisterseher durchaus umgekehrt sehen können!).

Eine derartig am Diesseits angelehnte Jenseitslehre ist damals tatsächlich neu. Bieder wird der Mensch zum Maßstab der transzendenten Perspektive. Beispielsweise wird das Verhältnis von Arm und Reich nicht wie im Gleichnis des Lukas-Evangeliums (16,19–31) mahnend im Jenseits auf den Kopf gestellt; vielmehr offenbart der bürgerliche Seher, Reiche kämen ebenso leicht in den Himmel wie Arme. »Das Los vieler Reicher im Himmel ist, daß sie mehr als andere im Wohlstand leben. Einige von ihnen wohnen in Palästen ...« Aufgeklärten Zeitgenossen wird nun fern jeder mittelalterlichen Askese gepredigt, daß »ein Leben mitten in der Welt zum Himmel führt.« Dieses Wort könnte als eine evangelische Wahrheit aufgefaßt werden, würde es nicht im Kontext einer Trivialisierung des Himmels stehen!

In Swedenborgs Fußstapfen tritt als nach ihm bekanntester Neuoffenbarer der Österreicher Jakob *Lorber* (1800–1864), der vor seinem ersten Offenbarungserlebnis bereits ausgiebig Swedenborg-Lektüre betrieben hat. Auch er entwirft eine Art Jenseits-Topographie und bringt seine Entschleierungen verborgener Wirklichkeiten in vielen Bänden zu Papier. So schildert er die Sterbeszene eines Armen, der seinen Angehörigen versichert: »Der Tod hat seine Schrecken vollendes ausgezogen; für mich gibt es keinen Tod mehr.«[23] Kurz darauf wechselt dieser Alte ins Jenseits hinüber und begrüßt »drei überaus freundliche Männer in weißer Faltenkleidung« mit einer langen Rede, um angesichts der romantischen Himmelsherrlichkeiten endlich zu seufzen: »O Gott, o Gott! Es ist wahrlich kaum mehr auszuhalten!« Lorber weiß überdies von einem jenseitigen Kinderreich, in welchem die Schüler über vieles unterrichtet werden. So erfahren sie in einem »Weltbildungsmuseum«, daß sich der Erdball aus Lichtäther über einen Tautropfen und dann einen undurchsichtigen Klumpen durch steten Zuwachs bis zur gegenwärtigen Größe entwickelt habe. Auch belehrt Lorber

darüber, daß der jenseitige »Vorhimmel« 17000 Meter über der Erde beginne.
Der Neuoffenbarer Lorber hat mit seinem spiritualistisch-gnostisierenden System etliche Anhänger und Nachahmer gefunden. Zu den heutigen »Nachfahren« zählen vor allem Frauen wie Gabriele Wittek, die »Prophetin« des »Universellen Lebens«, und Erika Bertschinger-Eicke alias »Uriella«, die Regentin des sektiererischen Ordens »Fiat Lux«. Derlei Phänomene werden in der Fachliteratur »Spiritualismus« genannt, also mit einem Begriff bezeichnet, der eigentlich dem Idealismus gebührt (und der Idealismus hat ja eigene Theorien zum »Geistersehen« entwickelt!)[24]. Begründet ist das darin, daß hier Varianten einer christlich verbrämten Jenseitsschau mit metaphysisch-religiösem Gesamtanspruch begegnen. Davon nicht ganz scharf trennen, aber doch unterscheiden läßt sich der landläufige »Spiritismus«, der sich mit der Kontaktierung Verstorbener begnügt.

Der moderne Spiritismus

Als der Materialismus im 19. Jahrhundert immer breitere Erfolge erzielt, wird ein bloßes Gegenüberstellen des Spiritualismus als nicht mehr ausreichend empfunden. In einer Zeit zunehmenden Erfolges der naturwissenschaftlichen Welterkenntnis muß es Okkultisten vielmehr darauf ankommen, die Wirklichkeit des Jenseits unter Beweis zu stellen. Der empirische Zugang zur Geisterwelt auf breiter Ebene wird wichtiger als die Offenbarungsmächtigkeit einiger großer Seher.
Gegen Mitte des 19. Jahrhunderts kommt es zum Durchbruch des Spiritismus als einer internationalen Massenbewegung. Innerhalb von wenigen Wochen des noch jungen Jahres 1848 treffen folgende Ereignisse zusammen: In London veröffentlichen Marx und Engels das »Kommunistische Manifest«; in Paris gibt es die »Februarrevolution« und in Berlin die »Märzrevolution«. Um den Frühjahrsbeginn hören nun die zehn und sieben Jahre alten Mädchen Margaret und Kate Fox in den Wänden ihres Bauernhauses, das in dem Dorf Hydesville im Staate New York liegt, merkwürdige Klopflaute. Bald beginnt sich abzuzeichnen, daß man durch ein regelrechtes

Klopf-Alphabet mit den Lauten in Kommunikation treten kann. Der Geist eines verstorbenen Krämers will sich auf diese Weise gemeldet haben: Als früherer Bewohner des Hauses sei er ermordet und im Keller vergraben worden. Als man nachgräbt und Skelettreste findet, ist die Sensation perfekt.

Spiritistische Zirkel werden landauf, landab gegründet. Noch im selben Jahr schwappt die Welle über den Ozean nach England und Frankreich hinüber. 1851 gibt es bereits eine erste spiritistische Zeitschrift (»La table parlante«), und auch in Deutschland findet die Bewegung auf breiter Front Anhänger. »Die Klopflaute von Hydesville waren von unzähligen Menschen, die sich in ihrer Hoffnung auf ein Überleben des Todes verunsichert sahen, wie ein Signal aus dem Jenseits empfunden worden.«[25] Sieben Jahre später gibt es in Nordamerika rund zwei Millionen Spiritisten.

Mitte der fünfziger Jahre gerät in Paris der Pädagoge Hippolyte Denizart Rivail (1804–1869) unter den Einfluß des Spiritismus. 1857 faßt er seine Geister-Offenbarungen systematisch in einem Buch zusammen, dem später weitere folgen. Von seinem Führergeist hat er erfahren, er habe im alten Gallien schon einmal gelebt, und zwar unter dem Namen Allan *Kardec*. Unter diesem Namen verfaßt er fortan seine Schriften, welche unerwartet viel gelesen und in etliche Sprachen übersetzt werden. Ihm verdankt der Spiritismus in Europa und in der Neuen Welt seine rasante Verbreitung, die beliebte Integration des Seelenwanderungsgedankens – und übrigens auch seinen Namen: Kardec ist es, der den Spiritualismus-Begriff als unzureichend bestimmt, weil der damit ausgedrückte Vorzug des Geistes vor der Materie noch nicht notwendig die Existenz von Geistern und die Möglichkeit einer gegenseitigen Kontaktaufnahme zwischen Diesseits und Jenseits besage. Der Spiritismus-Begriff – von dem englischen Wort »spirit« her gedacht – soll fortan eben diese okkultistische Überzeugung signalisieren.

In den folgenden Jahrzehnten breitet sich der Spiritismus weiter aus. Bereits vor dem Ersten Weltkrieg notiert der Münchener katholische Theologie-Professor Franz Walter, alles rede vom Spiritismus, und viele würden wegen der oft unerklärlichen Vorkommnisse in Spannung gehalten[26]. Nach dem Weltkrieg mit seinen zahllosen Toten ist die spiritistische Sucht noch größer. Zunehmend fallen freilich den Aufmerksamen und Gebildeten unter den Interessierten

mancherlei Widersprüche auf, die sich bei einem Vergleich der zu einer eigenen Literaturgattung herangewachsenen Geisteraussagen ergeben. Ein besonderer Streitpunkt ist die Frage, ob die Lehre der Reinkarnation auf Wahrheit beruhe oder nicht. Beispielsweise erfährt man aus dem Buch »Dreißig Jahre unter den Toten« (1924) des amerikanischen Arztes Carl Wickland, der Geist der Spiritistin und späteren Theosophin Helena Petrovna Blavatsky (1831–1891) habe sich bei ihm gemeldet und wolle die Anhänger der Theosophie darüber belehren, daß es entgegen ihrer Lehre doch keine Wiederverkörperung gebe. Natürlich wird die Herkunft dieser Aussage von Anhängern des Reinkarnationsglaubens einem dämonischen Lügengeist zugeschrieben.
Dergleichen Vorgänge spielen sich in der weiteren Geschichte des Spiritismus mit seinen heute weltweit über 100 Millionen Anhängern nicht selten ab[27]. Aber in der Regel beeindrucken sie Okkultgläubige wenig. Zu wertvoll ist denen das Gut, das Überleben des Todes aufweisen zu können, als daß sie sich womöglich von systematischen Einzelfragen aus dem Konzept bringen lassen. Das nervenkribbelnde Erleben okkulter Sitzungen, die persönlichen Hoffnungen auf Botschaften geliebter Verstorbener und die Bagatellisierung des jedem Teilnehmer ja noch bevorstehenden Todes mögen zu den Hauptmotiven gläubiger, manchmal auch pseudokritischer Bejahung der spiritistischen Theorien und der dazugehörigen, psychohygienisch[28] keineswegs unbedenklichen Praktiken zählen.
So mancher Spiritist hat sich bereits selber gefragt, warum die durch Medien, also sensitive Mittlerpersonen zum »Jenseits«, verlautbarten Geisterkundgaben oftmals »belanglos« und auch widersprüchlich ausfallen. Eine beliebte Erklärung dafür besteht in der bequemen Annahme, daß das Wirken böser oder verwirrter Geister die Schuld daran trage. Der bekannte amerikanische Spiristist Arthur Ford hat sich darüber hinaus Gedanken gemacht: »Diese Unzufriedenheit mit den Inhalten von Jenseitsnachrichten ist verständlich und hat die besten Köpfe der psychologischen Forschung angeregt, nach Erklärungen für die Trivialität solcher Kontakte zu suchen.«[29]
Eine erste von Ford angeführte Erklärung besagt, daß viele simple Botschaften den Zweck hätten, den sich meldenen Geist klar als den betreffenden Verstorbenen zu identifizieren und damit auch schon

das Faktum eines Lebens nach dem Tode zu erweisen. Tatsächlich haben die »Toten« oft mehr über ihr vergangenes als über ihr »gegenwärtiges« Dasein mitzuteilen. Als zweiten Grund führt Ford an, daß Jenseitige immer noch Menschen seien und auch auf ihrer anderen Bewußtseinsebene »weiterhin mit allen positiven und negativen Eigenschaften unserer Spezies behaftet« blieben. Es gebe eben von Natur aus oberflächlichere Menschen, die sich sogar »drüben« noch ausschließlich mit Familienangehörigen befaßten. Drittens seien Bagatell-Themen als kommunikatives »Schmiermittel« der Vertrauensförderung dienlich. Und viertens sei ja das Vokabular unserer diesseitigen Sprache wenig geeignet zu Offenbarungen übers Jenseits.

Wenn es nur so wäre, daß die Geister schweigen würden über das, worüber man nicht reden kann! Aber häufig genug wird ja doch über das Jenseitige platt oder trivial Auskunft gegeben – ob mit oder ohne ausdrückliche religiöse, womöglich gnostische[30] Implikationen. »Hintertreppen-Schleichen bringt Hintertreppen-Auskünfte.«[31] Es bleibt eben unter Spiritisten nicht bei Diesseits-Bagatellen, sondern das Jenseits selbst wird mehr oder weniger verniedlicht, indem es als Projektionsfläche diesseitig gefärbter Vorstellungen und Spekulationen dient. So teilt ein Kontrollgeist Ford über einen Verstorbenen mit: »Er erinnert sich nicht an das Sterben und hat drüben keinen gefunden, der es tut. Hier gibt es kein Sterben. Ganz plötzlich ist man frei, das ist alles ... Er sagt, er habe sich über seine Beerdigung sehr gefreut. Sie sei schön und einfach gewesen, aber er sei nicht für immer tot. Er habe sich nur seines kranken Körpers entledigt. Sie sollen Ihre Mutter sehr herzlich grüßen.« – Überdies weiß Ford beispielsweise von wissenschaftlichen Forschungsteams im Jenseits zu berichten. Diese an sich schon närrische, weil das »Jenseitige« des Jenseits in Frage stellende Vorstellung verdient schonungslose Kritik: »Keine einzige wissenschaftliche Entdeckung, weder die Entzifferung der Hieroglyphen noch die Formel für Penicillin, wurde von Jenseitigen mitgeteilt.«[32]

Wie sehr sich die Totengeister für den diesseitigen Wissenschaftsfortschritt interessieren, zeigt nicht nur das seit den Anfängen des Raumfahrtzeitalters bestehende Phänomen eines regelrechten UFO-Spiritismus, der neben Seelen auf fremden Planeten auch intergalaktisch reisende Ufo-Flotten-Kapitäne im Channeling-Verfahren kontaktiert[33]. Jahrzehntelang gibt es bereits einen Tonband- und Radio-Spiritismus mit seinen besonders banalen Durchgaben. Hinzugekommen sind Jenseitskontakte über Telefon und Computer – nach dem Motto: »Bei den Jenseitigen ist kein Ding unmöglich.«[34] Und seit Mitte der achtziger Jahre geht mit der neuen Video-Technik sogar ein TV- und Video-Spiritismus einher. »Es ist das gleiche Phänomen, ob auf Tonband- oder auf Video-Cassette«, bekräftigt der Schwede Friedrich Jürgensohn, der 1959 erstmals Geisterstimmen auf dem Tonband entdeckt und einige Jahre darauf sein Buch »Sprechfunk mit Verstorbenen« publiziert hatte. Eine solche Geisterstimme vom Tonband soll es 1984 gewesen sein, die dem deutschen Spiritisten Klaus Schreiber befohlen hat: »Spiel im TV ein!« Als er nach einer Weile liebe Verstorbene erkennt, ist er tief bewegt. Und doch gerät das Ganze zur Bagatelle, als sich sein toter Sohn zum laufenden Bild vom Tonband meldet und bestätigt: »Ich hab Strom, Papa!« Papa ist indessen fasziniert und spekuliert, »daß bei dieser Aufnahmetechnik eine optische Rückkoppelung auftritt, die von Jenseitigen verändert wird.«[35] Die entsprechenden Phänomene wären beweiskräftiger, wenn nicht auch schon einmal Totgeglaubte auf dem Band zu hören gewesen wären, von denen sich hinterher herausstellte, daß sie in Wirklichkeit noch am Leben waren. Namhafte Parapsychologen wie Hans Bender oder Milan Ryzl[36] sehen jedenfalls nicht Tote, sondern Kräfte des Unterbewußtseins von lebenden Bezugspersonen im Verein mit der Technik zur Wirkung kommen. Zu deutlich tragen viele der Geisterbotschaften inhaltliche oder psychische Eigenschaften der Experimentierenden.

Okkultismus und Spiritismus bei Jugendlichen

Die seit den siebziger Jahren anhaltende Okkult-Welle scheint ihren Höhepunkt noch immer nicht erreicht zu haben. In letzter Zeit haben nach dem Vorstoß der Privatsender sogar die öffentlichen Fernsehanstalten platte Esoterik-Reihen in ihr Programm übernommen. Da ist es ein ganz natürlicher Vorgang, daß – etwa seit der Mitte der achtziger Jahre – auch die Jugend bis hinab ins späte Kindesalter von diesem gesellschaftsübergreifenden Phänomen berührt und ergriffen worden ist. Bekannte Jugendzeitschriften haben dabei massiv nachgeholfen.

Im Oktober 1989 hat die Okkult-Welle eine Gruppe von damals 13–17jährigen Jugendlichen in Forchheim-Reuth erreicht. Presseberichten zufolge trafen sich Markus, Peter, Ilka und Thomas zusammen mit dessen Mutter in einem Partykeller, um mittels Gläseln die Geister Verstorbener zu kontaktieren. Dieses Spiel ging so bis ins Frühjahr 1991 weiter. Während einer Okkult-Session im April kam jedoch folgende »Botschaft« zustande: »Ihr werdet alle in diesem Jahr sterben!« Für die Schockierten bagatellisierte der Geist eines verstorbenes Freundes den Gang nach drüben: »Kommt zu mir! Im Jenseits ist es so schön! Dann könnt ihr wieder auf die Erde zurückkommen, um ein besseres Leben zu finden.« Thomas und Markus zweifelten nicht an der empirischen Qualität der Jenseits-Botschaft. Ihr Spielen mit dem Tod endete im Suizid: Sie brachten sich mittels Autoabgasen nachts auf einem Waldweg um. Peter und Ilka wollten ihnen später an derselben Stelle nachfolgen, doch hielt sie in letzter Minute ihr Überlebensinstinkt zurück.

Nur in seltenen Fällen führt der inzwischen etwas abgeebbte Jugend-Okkultismus zu derart dramatischen Resultaten. Aber jeder dieser Fälle – z. B. der Okkult-Selbstmord dreier Lehrlinge im Dezember 1991 oder die Ermordung eines 15jährigen Schülers im Mai 1993 – ist einer zuviel! Und wer wäre in der Lage, sich von den ungezählten »kleineren« Verwirrnissen und durch Geister-Botschaften hervorgerufenen Verängstigungen bei Kindern und Jugendlichen ein hinreichendes Bild zu machen? Die These vom harmlosen, spielerischen Neugier-Verhalten okkultbegeisterter Jugendlicher, wie sie von einigen Forschern vertreten wird, bleibt doch zu einseitig und oberflächlich.

Auf der Basis einer ausführlicheren Befragung von Jugendlichen überlegt Heiner Barz, es deute sich in der großen subjektiven Brisanz des Themas »Was kommt nach dem Tod?« im Jugendalter ein kompensatorischer Reflex der Tabuisierung von Alter, Sterben und Tod in unserer Zeit an.[37] Auf diesem Hintergrund sind die Resultate mehrerer empirischer Erhebungen zu sehen, die der Freiburger Professor für Grenzgebiete der Psychologie, Johannes Mischo, in seinem Buch »Okkultismus bei Jugendlichen« (1991) vorgelegt hat. Die wichtigste seiner Fragebogenuntersuchungen umfaßte über

1700 Jugendliche zwischen 12 und 18 Jahren und kam zu dem Fazit, das Wissen um Okkultpraktiken gehöre heute zum allgemeinen Bildungsgut im Jugendalter.

Denn lediglich 7.3 % aller Befragten kennen Okkultes weder theoretisch noch praktisch. Nicht ganz zwei Drittel (60.6 %) besitzen mehr oder weniger Kenntnisse hinsichtlich okkulter Praktiken, ohne allerdings eigene Erfahrungen damit gemacht zu haben. Ein knappes Drittel aber kann vorhandenes Wissen sogar auf Praxiserfahrung gründen! Bei wiederum einem Drittel hiervon liegt den Auswertungskriterien zufolge neurotische Fehlverarbeitung vor.

Unmittelbar-vordergründig faszinieren die Jugendlichen in erster Linie die mit unbewußten Muskelbewegungen einhergehenden psychischen Automatismen wie beispielsweise Glas- oder Tischerücken. Doch in der Konsequenz stehen dann auch spiritistische Theorien und Praktiken im Mittelpunkt. Das geht bereits aus einer 1988 von dem Soziologen Ulrich Müller[38] in Zusammenarbeit mit Wolfgang Hund durchgeführten Fragebogenaktion hervor. Befragt wurden 319 Jugendliche, davon etwa zwei Drittel Hauptschüler und ein Drittel Gymnasiasten. Bei der größeren Gruppe der Hauptschüler fällt auf, daß unter der Überschrift »Darüber will ich mehr wissen« von elf okkulten Praktiken oder Themenbereichen wie »Telepathie«, »Pendeln«, »Wunderheiler« usw. den meisten Zuspruch das »Spuken« fand – allerdings nur auf der männlichen Seite (48 %); daß Mädchen vom »Spuken« weit weniger wissen wollten (29,4 %), erklärt Müller wohl zutreffend mit der Furcht auslösenden Thematik. Nimmt man aber die Gesamtresultate der Untersuchung zusammen, so ergibt sich im Hinblick auf alle elf Praktiken oder Themenbereiche: »›Spuk‹ ist Faszinosum Nr. 1 bei Schülern/-innen, hier verdichtet sich Spannung und Besonderes. ... ›Spuk‹ ist der ›harte Kern‹ der Akzeptanz von über-/außersinnlichen Möglichkeiten/Wahrnehmungen bei Jugendlichen.« Abgesehen von den angstlusterzeugenden Vorstellungen geht es ja beim Spuk gemäß alten Traditionen meist um nachtodliche Schicksale und das Hereinwirken jenseitiger Geister in unsere Welt.

Wären für diese Interessenlage bloß Neugier und der Wunsch nach dem Erleben von Angstlust-Gefühlen ausschlaggebend, so dürften Satanskulte und sogenannte »schwarze Messen« nicht erst an letzter Stelle des Interesses auftauchen, wie es nach Mischos einleitender

Erhebung der Fall ist. Einen offensichtlich zentralen Diskussionspunkt aus der Sicht der Jugendlichen bildet nach Mischo der Wahrheitsgehalt der Geisterbotschaften – und in der Folge das Zustandekommen dieser »Botschaften«. Hierbei erweist sich die spiritistische Erklärungshypothese für die Jugendlichen als die weitaus bevorzugte. Und Mischo zeigt auf der Basis einer Befragung von Pädagogen, daß die Hoffnung über den Tod hinaus offensichtlich in die Reihe der Motive jugendlich-okkultistischer Betätigungen gehört. Gerade der Tod bedeutet ja für den jungen Menschen, der an seinem Lebensentwurf bastelt und eben seine »adoleszente Unabhängigkeit« gewonnen hat, eine massive Bedrohung, der er sich psychisch stellen muß.[39] Angesichts dieser Lage bieten sich ihm okkultistische Weltanschauungen mit ihren spiritistischen Implikationen als scheinbarer Ausweg an. Faktisch handelt es sich dabei aber eher um einen Rückweg, um eine Regression in kindliche Denk- und Vorstellungsmuster vom sogenannten Jenseits. Und diese Trivialisierungstendenzen im Jugendalter pflegen sich dann durchaus im Erwachsenenalter fortzusetzen, wie der Berliner Religionswissenschaftler Hartmut Zinser in seinen quantitativen Untersuchungen zum »Jugendokkultismus in Ost und West« (1993) nachweist.

Parapsychologie und Tod

Die Trivialisierung des Jenseits durch den neuzeitlichen Okkultismus drückt sich vor allem durch ein Hereinziehen des Transzendenten ins Diesseitige aus. Namentlich der seit Mitte des 19. Jahrhunderts verbreitete Spiritismus lebt weitgehend von der Annahme, ein Leben nach dem Tode empirisch beweisen zu können. Diese ontologische Trivialisierung des Jenseitigen schilt Theodor W. Adorno mit den Worten, man zetere über den Materialismus, aber den Astralleib wolle man wiegen![40]

Die Herausforderungen des zur Massenbewegung gewordenen Spiritismus von wissenschaftlicher Seite anzunehmen, drängte sich geradezu auf. So war es ein naheliegender Schritt, daß sich seriöse Forscher mit den Phänomenen kritisch auseinanderzusetzen begannen. Im Jahre 1852 gründete der anglikanische Theologe Edmund Benson in Cambridge die »Ghost Society«. Bald schon fand eine erste wissenschaftliche Untersuchung der Geschwister Fox aus Hydesville statt, fünf Jahre später sogar eine durch drei Harvard-Professoren. Im Jahre 1876 berichtete der Physiker William F. Barrett (1845–1926) in der »Britischen Gesellschaft für den Fortschritt der Wissenschaft« über Fälle von Gedankenübertragung und – analog zu den Vorgängen um die Fox-Schwestern – über merkwürdige Klopflaute in der Umgebung eines Kindes. Dadurch trug er mit dazu bei, daß aus der ursprünglichen »Ghost-Society«, die mittlerweile zur »Dialectical Society« geworden war, im Jahre 1882 die heute weltbekannte britische »Society for Psychical Research« (SPR) wurde. Als Bezeichnung des damit ansatzweise in der wissenschaftlichen Welt institutionalisierten Forschungszweiges schlug der deutsche Psychologe Max Dessoir (1867–1947) im Jahre 1889 das Kunstwort »Parapsychologie« vor. Damit hatte die Wissenschaft von den außergewöhnlichen, aus dem »normalen« Verlauf des Seelenlebens heraustretenden Erscheinungen den Namen erhalten, der sich auf die Dauer durchsetzen sollte.

Die methodische Infragestellung der spiritistischen Deutungshypothese hatte mithin frühzeitig begonnen. Für wissenschaftliches Arbeiten konnte der okkulte Geisterglaube nicht als weltanschauliche Vorgabe akzeptiert werden. So kam es darauf an, die unerklärlichen Phänomene nach Möglichkeit »diesseitig« zu interpretieren, also ihren Ursprung – sofern sich nicht betrügerische Absicht ausmachen ließ – vor allem in der Psyche von Lebenden zu suchen. Man nannte dies die »animistische Theorie« (von lat. *anima* = Seele). In ersten Ansätzen war sie schnell entwickelt. Bereits Edmund Spieß sah in seiner »Entwicklungsgeschichte der Vorstellungen vom Zustande nach dem Tode« (1877) in den Geistervisionen die zeit- und kulturbedingten »Erscheinungen des eignen Innern«. Begrifflich wurde der parapsychologisch verstandene »Animismus« im Gegenüber zum Spiritismus 1890 von dem russischen Schriftsteller Alexander Aksakow eingeführt. Seit 1942 nannte man die hypothetische, unbekannte Kraft der Seele zum paranormalen Wirken nach dem ersten griechischen Buchstaben von »Psyche« einfach »Psi«.

Das animistische Modell wird von der Mehrzahl seriöser Parapsychologen nicht nur deshalb bevorzugt, weil es »immanenter« bleibt und ohne das spekulative Postulat einer den Tod überlebenden Seele auskommt, sondern weil es in der Regel zu plausibleren Resultaten führt. So hat bereits Freud bemerkt, es gelänge den Spiritisten »leider nicht zu widerlegen, daß die Erscheinungen und Äußerungen ihrer Geister nur Produktionen ihrer eigenen Seelentätigkeit sind. Sie haben die Geister der größten Menschen, der hervorragendsten Denker zitiert, aber alle Äußerungen und Auskünfte, die sie von ihnen erhielten, waren so albern, so trostlos nichtssagend, daß man nichts anderes glaubwürdig finden kann als die Fähigkeit der Geister, sich dem Kreis von Menschen anzupassen, der sie heraufbeschwört.«[41] Als Experte betont Gustav F. Hartlaub, daß »die Parapsychologie mit ihrem Nachweis der unterbewußt subjektiven Leistungen allem Spiritismus das Fundament entzogen hat.«[42] Die animistische Erklärung okkulter, namentlich spiritistischer Erscheinungen kann sich darauf berufen, daß die Möglichkeit außersinnlicher Wahrnehmung (ASW) heute zu einer kaum mehr umstrittenen Realität für die parapsychologische Forschung gehört. Der Parapsychologe Ryzl betont: »ASW erklärt die Phänomene ganz entschieden besser als die Geisterhypothese. Darum zwingen uns die Erfordernisse wissenschaftlicher Methodik, die Geisterhypothese als unverbürgte, überflüssige Doktrin auszuschalten, die unser Problem nur unnötig kompliziert.«[43]

Eben weil es das animistische Erklärungsmodell gibt, kann in keiner Weise davon die Rede sein, daß Spiritisten das Überleben des Todes wissenschaftlich bewiesen hätten. Dieses bleibt bestenfalls eine Denk-Hypothese bzw. ein Glaubensgegenstand. Mit diesem Urteil darf man aber nicht die Augen davor verschließen, daß auch das animistische Modell eine Hypothese darstellt, die wissenschaftstheoretisch keinen entscheidenden Vorsprung vor der spiritistischen besitzt. Denn deren Faktor »Psi« bildet bis heute die große Unbekannte in den Gleichungen ihrer Theorien. Die paranormalen Fähigkeiten der *anima* deuten auf eine Wirklichkeit hin, die den Bereich des derzeit naturwissenschaftlich Erklärbaren und Faßbaren transzendiert – also auf eine »jenseitige« Wirklichkeit, von der niemand objektiv sagen kann, wie jenseitig sie ist. Anton Neuhäusler überlegt: »Vielleicht läuft alles Erklären als Einordnen ins relativ Bekannte oder ins relativ Unbekannte darauf hinaus, den letzten alles enthaltenden Ort des Geheimnisses zu orten – mag einer ihn Materie, Psyche, Gott oder X nennen.«[44] Wie dieser letzte Ort wirklich heißt und was er eigentlich bedeutet, das ist aber eben keine

Frage, die von der Parapsychologie (oder gar vom Okkultismus) her endgültig gelöst werden könnte. Sie führt am Ende zwingend zum Gedanken der letzten denkbaren Transzendenz, mithin in die Region des Glaubens, der Metaphysik und der Theologie.
Eingangs klang es bereits an: Das Jenseits des christlichen Glaubens, die Transzendenz christlicher Theologie ist Gott selbst. Dieses radikal verstandene »Jenseits« gehört wie das der Okkultisten in die Kategorie der »verborgenen Wirklichkeit«; und es gibt einige Theologen[45], die tatsächlich beides vermengen, indem sie meinen, der Ertrag spiritistischer Bemühungen könne die christliche Hoffnung stärken. Man sieht daran nur, daß auch Gott als »Jenseits« nicht vor Bagatellisierungen gefeit ist. Andere Versuche dieser Art bestehen beispielsweise darin, Gott so jenseitig sein zu lassen, daß seine Existenz für die Gegenwart wie für alle Zukunft praktisch irrelevant wird. Sie begegnen aber auch in Bemühungen, Gott derart zu »verdiesseitigen«, daß er für die Lösung des Todesproblems keine Rolle mehr spielt. Erst wenn Gottes Wirklichkeit als die entscheidende, umfassend Zukunft gewährende Macht in den Blick kommt, wird er als der Jenseitige wahrgenommen, der neues Leben heute und jenseits aller Vergänglichkeit zu schenken vermag.

III. Reinkarnation: Das bagatellisierte Diesseits

Unser Leben steht im Zeichen der Vergänglichkeit. Es läuft in einer Zielstrebigkeit auf den sicheren Tod zu, daß manche Weisen und Wissenschaftler verlautbarten, eigentlich seien Leben und Sterben identisch. Zur Verlorenheit dieses Daseins auf Zeit gehören auch die Erfahrungen fremder wie eigener Unvollkommenheit, ja Ungerechtigkeit, betrüblicher Schicksale, abgebrochener Entwürfe, gescheiterter Beziehungen. Bei allem Geglückten, das ein Leben bereichern mag, bleibt immer wieder der Eindruck des Fragmentarischen, vieles Sinnlosen.

Das Leiden an dieser Welt des Todes hat bekanntlich verschiedene Deutungen und Antworten provoziert. Eines der weltweit am meisten verbreiteten Grundmodelle lautet »Reinkarnation«, zu deutsch: Wiederverkörperung. Wo geglaubt wird, daß es nicht nur *einmal* zu sterben gilt, wie es das Neue Testament voraussetzt (Hebr. 9,27), sondern daß viele Tode und viele Leben die gegenwärtige Existenz einrahmen, dort verliert das Fragmentarische den Anschein des Sinnlosen; dort fügt es sich mehr oder weniger harmonisch in ein Umfassendes, zu Ende gedacht: ins Ganze universalen Seins. »Der menschliche Weg, der ein kreisförmiger ist, beginnt und endet in der Einheit«, philosophiert der seit Jahrzehnten mit Reinkarnationserfahrungen befaßte Esoteriker Thorwald Dethlefsen[1].

Es gibt den Reinkarnationsgedanken in zahlreichen mythologischen und metaphysischen Varianten. Seine Grundfunktion aber bleibt fast überall dieselbe: Er soll den Tod relativieren, die Vergänglichkeit und Unvollkommenheit des Daseins einigermaßen abfedern. Daß damit auch die gegenwärtige Existenz im Diesseits spielerisch relativiert, mehr oder weniger bagatellisiert wird, ist ein Effekt, der von Reinkarnationsgläubigen oftmals begrüßt, mitunter jedoch in seiner Ambivalenz wahrgenommen wird. Wenn mein Leben nur eines von vielen aneinandergereihten ist, verliert es an Bedeutung. Die verschiedenen Inkarnationen werden »nebensächlicher. Eine frühere Inkarnation zu erleben, mag noch aufsehenerregend sein, hunderte zu kennen ist wenig sensationell ...«[2]

Das Ich, das von der Sinn-Auskunft der reinkarnatorischen Theorie Entlastung von seiner Bedrückung erhofft, gewinnt diese nur dadurch, daß es sich selbst weniger ernst nimmt. Solcher Ego-Verlust aber wird esoterisch kompensiert durch das narzißtische Postulat eines Höheren Selbstes bzw. einer göttlichen Abkunft. Für solch ein ursprünglich überirdisches, »transpersonales« Selbst, für solch einen gnostisierten Menschen gerät das Dasein dann zum schönen Kinderspiel: »Von dieser hohen Warte aus lebt er hinfort sein Leben.«[3]

Das höhere Selbst hat in manchen weltanschaulichen Systemen seine bedeutendste Funktion ohnehin nicht im Diesseits, sondern zwischen den Inkarnationen – als Voraus-Gestalter seiner eigenen physischen, emotionalen und geistigen Zukunft. Das Leben im Diesseits wird folglich zum bloßen »Zwischenzustand«[4] erklärt. Solch esoterische Wirklichkeitssicht versöhnt mit dem Schicksal, indem sie dieses als selbstgewähltes »Machsal«[5] einstuft, als »vom höheren Selbst gewollt« beschönigt und in den höheren Zusammenhang eines evolutiven (Rück-)Weges stellt.

Der Tiefensinn dieses Weges, so erfährt man aus dem Mund zahlreicher Reinkarnationstherapeuten und spiritualistischer Seher, bestehe im Lernen, im Durchleben und Durchleiden von Erfahrungen sowie im Lösen aufgegebener Probleme. Man dürfe also »die Erde als spielerische Ebene betrachten, wo alle Problemkreise behandelt werden können, ebenso wie alle Freuden und Annehmlichkeiten erlebt werden können ... Jeder bekommt und verursacht die Erfahrung, die er gerade braucht.«[6] Das Leben, all die Leben, von Mal zu Mal, von Stufe zu Stufe – der Spiel- und Schulsituation von Kindern zu vergleichen! Solche Infantilisierung des Lebenssinnes geht konsequent mit der Bagatellisierung des freud- und leidvollen Diesseits einher. »Reinkarnation« ist ein regressives Modell, ob es nun zurücklenkt auf das Niveau einer kindlich-kindischen Realitätsdeutung oder auf das mystisch-ozeanische Unsterblichkeitsgefühl des Säuglings: »Unser Ziel ist es, zum Ursprung zu gelangen, ins Licht hineinzufliegen, uns mit Gott zu vereinigen oder das ICH im Licht aufzulösen, in das Nirwana einzugehen.«[7]

Indem das Neue Testament formuliert, im Unterschied zu den Christen hätten die Heiden keine Hoffnung, meint es mit letzteren durchaus nicht nur oberflächliche »Materialisten«, sondern überwiegend religiös eingestellte Menschen. Im Hintergrund dürfte also die Überzeugung gestanden haben, daß die Hoffnungen der »Heiden« – verglichen mit der christlichen Hoffnung auf das kommende Gottesreich und die Auferstehung der Toten – insgesamt allzu »bescheiden« ausfielen, nämlich mit Angst und Verzweiflung gemischt seien. Die schon im weiteren kulturellen Umfeld des Neuen Testaments nicht gänzlich unbekannte Lehre von einer »Seelenwanderung« oder »Wiederverkörperung« mag als eine dieser nichtigen »heidnischen« Hoffnungen angesprochen gewesen sein. Einer ausdrücklichen Erwähnung wird sie in der Heiligen Schrift nirgends gewürdigt.

So wie sich der Gedanke an die Reinkarnation in der heidnischen Umwelt des Frühchristentums darstellte, war er beides: Hoffnung und Alptraum für die ihn als wahr erachtenden Menschen.[8] Tatsächlich bildeten die positiven und negativen Aspekte der spiritualistischen Theorie von Reinkarnation und Karma-Gesetz sich bereits in ihrem Ursprungsland aus: »Das Karma ist eine Tatsache für alle Südasiaten. Für Hindus ... handelt es sich dabei um eine gute Tatsache, für Buddhisten ... dagegen um eine schlechte ... In beiden Fällen aber wird Karma als ein dramatischer unvorhersagbarer und im wesentlichen unbegreiflicher Prozeß aufgefaßt, in dem sich die emotionalen Bedürfnisse und Sehnsüchte des einzelnen spiegeln.«[9]

Der Begriff des Karma heißt soviel wie »Tat« und meint ein kosmisch gültiges Gesetz des auch über viele Leben hinweg bestehenden Zusammenhangs von Ursache und Wirkung. »Das Karma belohnt nicht und straft nicht, es stellt die verlorengegangene Harmonie wieder her. Wer leidet, verdient sein Leiden, und wer Grund hat, sich zu freuen, erntet, wo er gesät hat ... Auf lange Sicht gibt es kein persönliches Karma, denn die Taten des einzelnen sind die Taten des Ganzen, und die Taten des Ganzen beeinflussen dessen kleinsten Teil.«[10] Dieses Karma-Gesetz belastet und entlastet gleichermaßen. Man kann seiner unerbittlichen Herrschaft nicht entrinnen – aber wer ist »man« schon im facettenreichen Spiel der kosmisch-ganzheitlichen Dynamik? Dank der Karma-Theorie, über die sich Kenner freilich nicht restlos einig sind, gelingt es mit einem Handstreich, dem toddurchwobenen Diesseits einen es durchdringenden Tiefensinn zu unterstellen. Leid erscheint nicht mehr als sinnzerstörend, sondern als sinnvoll – und kann womöglich als ästhetischer Teil einer universal ausgleichenden Harmonie bagatellisiert werden.

Doch solch eine weisheitliche Perspektive darf über der formalen Schönheit der postulierten Karmagesetzlichkeit natürlich nicht die faktische Negativität des Leidens außer Acht lassen. Wo Karma ist, da geht es um Leid; demnach muß es das letzte Ziel aller Reinkarnationsgläubigen sein, Karma auszulöschen, nicht erneut zu erzeugen und dadurch aus dem Kreislauf der Wiedergeburten auszubrechen. »Denn der Gott in uns ist karmalos. Und in dem Maße, in dem wir mit Ihm eins werden, sind auch wir es ... Wir sind aus dem Traum des Lebens erwacht zum All-Sein des Unendlichen.«[11]

Das Gewinnen dieses undefinierbaren All-Seins ist das ferne Ziel bereits der ursprünglichen Reinkarnationsmetaphysik in Indien. Dem Subjekt solcher nicht eben hoffnungsfrohen Überzeugung stellt sich das Rad der Wiedergeburten als bedrückende Schicksalsmacht dar, deren Joch man möglichst zu entfliehen trachtet, wenn man den methodischen Aufwand und den in der Regel als unvorstellbar lang gedachten Weg nicht überhaupt mit Depression oder Verzweiflung quittiert.

Die Einwurzelung dieser esoterischen Perspektive ist im Abendland allerdings unter zunehmender Betonung der eher positiven Karma-Aspekte vonstatten gegangen. Namentlich die griechischen Philosophen und die hellenistischen Mysterien stellten unter Zugrundelegung des Schuldgedankens (bereits 476 v. Chr. bei Pindar) zunehmend hoffnungsträchtige Aspekte heraus, insbesondere den Läuterungsaspekt mit seinen Verheißungen einer Verbesserung für die Existenz im Jenseits wie im erneut fälligen Diesseits. »Die Seelenwanderung wird derart höchst optimistisch gefaßt, als Medium zum Aufstieg; das Rad der Wiederkehr ist bejaht.«[12]

Den »Optimismus« solch spiritualistischer Theorien übertraf jedoch seit der urchristlichen Mission die Hoffnung auf die Auferstehung des Leibes in Gottes neuer Welt. Denn sie blieb nicht im Relativen von möglichen, vielleicht sogar scheiternden Verbesserungsbemühungen stecken, sondern verkündete das künftige Geschenk ganzheitlicher Neuwerdung aus dem heilvollen Handeln des Schöpfers heraus. Den Reinkarnationsgedanken hatten weder das Alte noch das Neue Testament in irgendeiner Form nötig gehabt. Daß er biblisch oder irgendwie in der Bibel anzutreffen sei, ist eine lediglich von Sektierern vertretene, wissenschaftlich unhaltbare Auffassung. So blieb er denn auch in der Geschichte der frühen [13] und mittelalterlichen Kirche ohne Anerkennung. Selbst der griechische Kirchenvater Origenes, vom spiritualistischen Flair Alexandrias geprägt, lehrte sie ebenso wenig wie seine Schule. Sie behaupteten lediglich die Präexistenz der Seelen und deren nachtodliche Entwicklung durch verschiedene Jenseitswelten, wobei der spekulative Gedanke einer neuen Verkörperung in neuen Weltzyklen anklingen konnte, nicht aber der einer Reinkarnation innerhalb desselben Äons. [14] Das 5. ökumenische Konzil von Konstantinopel im Jahre 553 hat dementsprechend nicht, wie Esoteriker fast ausnahmslos entgegen der Quellenlage behaupten, die Reinkarnation verworfen, sondern den Gedanken einer präexistenten Seele. Mit der Abweisung der spiritualistischen Vorstellung, Menschen seien eigentlich himmlische Geistwesen, die nach einem »Sündenfall« in tiefere materielle Ebenen verbannt worden oder hinabgestürzt seien, war und blieb freilich auch der Reinkarnationsgedanke kirchlich ausgeschlossen. Die Tatsache, daß ihn die Bibel und die Dogmengeschichte nirgends ausdrücklich verworfen haben, eröffnet nicht etwa seine exegetische bzw. »christliche« Denkmöglichkeit, sondern belegt nur die Abseitigkeit und Verzichtbarkeit dieser Vorstellung für die Kirche.

Erst die Neuzeit mit ihrer Anknüpfung an antike Traditionen brachte das Reinkarnationskonzept wieder ansatzweise zur Geltung, namentlich in der Gestalt Gottfried Ephraim Lessings. Die Wiederverkörperungsidee entsprach mit ihren in der Antike schon entfalteten positiven Aspekten der neuzeitlichen Wirklichkeitsauffassung bestens, weshalb ihr Gedeihen in der Morne nicht verwundert. Das geschichtsphilosophische Selbstverständnis der Neuzeit gestaltete sich zunehmend im Geiste eines evolutiven Optimismus: Es ermöglichte den modernen Fortschrittsglauben, der in der Idee einer innerzeitlichen Vollendung der Geschichte gipfelte. Im Gefolge von Überlegungen Voltaires (»Zweimal geboren zu werden ist nicht wunderbarer als einmal«) lenkte Lessing mit seiner »Erziehung des Menschengeschlechts« (1780) den Blick auf die Vollendung der Menschheit und der Welt, wobei er dieses Ziel typisch neuzeitlich als weltimmanentes dachte. Anders als die christliche Hoffnungstradition unterschied der aufgeklärte Philosoph die irdische End(heils)-Phase nicht mehr vom neugeschaffenen Äon des Gottesreiches. So stellte sich ihm durch den Wegfall der Auferstehungshoffnung das Problem, wie die einzelnen Menschen an der endgeschichtlichen Bestimmung der Gattung teilnehmen könnten. Er löste es mit Hilfe des Reinkarnationsgedankens: »Warum sollte ich nicht so oft wiederkommen, als ich neue Kenntnisse, neue Fertigkeiten zu erlangen geschickt bin? Bringe ich auf einmal so viel weg, daß es der Mühe wiederzukommen etwa nicht lohnet?« (§ 98).

Mit Lessings religionsphilosophischem Plädoyer kündigte sich – zumal nun zunehmend andere Religionen in den kulturellen Gesichtskreis rückten – der Reinkarnationsgedanke als eine neuzeitlich-positive Alternative zur Auferstehungshoffnung an. Gleichzeitig lieferte Lessings Schrift »Wie die Alten den Tod gebildet« (1769) ein frühes Indiz für die mit dem Verlust der christlichen Heilshoffnung einhergehende Neigung zur Beschönigung des Todes. Späterhin konnten sich namhafte Dichter, Philosophen und Theologen – wie z. B. Wolfgang von Goethe, Arthur Schopenhauer und Ernst Troeltsch – dem Seelenwanderungsgedanken zuneigen.

Heutzutage floriert er nicht nur im Horizont von Esoterik, New Age-Bewegung und spiritualistischen Sondergemeinschaften; er ist vielmehr schon so weit Allgemeingut geworden, daß er problemlos in Schlagertexten begegnen kann: »Ich hab dich schon einmal gekannt in einem andern Leben ...« Sogar unter Kirchenchristen findet er zunehmend Sympathie, einige Pfarrer und Professoren eingeschlossen. Dieser Umstand kann freilich über seine außerchristliche Herkunft nicht hinwegtäuschen. Zwar schreibt der Esoteriker Hans-Dieter Leuenberger: Daß der Reinkarnationsgedanke »bis zum Jahre 553 auch im Christentum zumindest geduldet wurde, wissen heute nicht einmal mehr alle Theologen.«[15] Tatsache ist indessen, daß nur eine gezielte, seit über hundert Jahren anhaltende Desinformation von seiten theosophisch-esoterischer Weltanschauungsvertreter in der Öffentlichkeit den nachweislich falschen Eindruck verbreiten konnte, als sei Reinkarnation bereits von Jesus und seinen

Jüngern gelehrt und erst im 6. Jahrhundert aus der kirchlichen Tradition ausgemerzt worden. Wenn Leuenberger im gleichen Zusammenhang auch noch unterstellt, »Auferstehung des Fleisches« sei die wörtliche Übersetzung des Begriffs »Reinkarnation«, so setzt er entsprechenden Irreführungen die Krone auf. Der Glaube an eine ständige »Wiederfleischwerdung« bildet ein scharfes Kontrastmodell zur Hoffnung auf das Gottesgeschenk der »Auferstehung des Fleisches«, welche sich gegen synkretistische Vereinnahmungsversuche sperrt. Zurecht urteilt der Religionswissenschaftler Hans Waldenfels: »Es gibt keine Versöhnung zwischen dem christlichen Glauben und einer konsequent vertretenen Reinkarnationslehre.«[16]

Nachchristliche Popular-Metaphysik

Abgesehen von seiner systematischen Erfassung im alten Indien und deren breiten Folgewirkungen ist der Reinkarnationsgedanke eigentlich ein mythisches Gebilde, das naivem Denken entspringt und spontan bereits bei Kleinkindern begegnet. »Schade, daß Großvater jetzt nicht mehr bei uns ist«, sagt etwa ein kleiner Junge nach der Beerdigung zu seiner Mutter und fügt die Worte hinzu: »Aber vielleicht kommt er wieder zu uns, wenn ich ein Brüderchen kriege.«[17] Es handelt sich hierbei um eine »natürliche« Hoffnungsgestalt, die die schmerzlichen Grenzen des Sichtbaren unkritisch überspringt.

Entsprechend seicht kann auch esoterische Argumentation ausfallen: »Alles im Kosmos, jedenfalls soweit wir es überblicken können, läuft rhythmisch und zyklisch ab ...« Welch mythologisch-ungeschichtliche, unwissenschaftliche, bagatellisierende Pauschalbehauptung! Aus ihr wird dann gefolgert: »Im Lichte dieser kosmischen Rhythmen und Zyklen gesehen, ist die Lehre von der Reinkarnation natürlich ...«[18]

Im Kontext des in unserer Gesellschaft verbreiteten Traditionsabbruchs und der darin begründeten Rückkehr zu einer »natürlichen« Religiosität hat die Reinkarnationsidee bei vielen Menschen an Plausibilität gewonnen. Etwa jede(r) fünfte Erwachsene und wohl auch jede(r) fünfte Heranwachsende sympathisieren hierzulande

und in Europa mit ihr.[19] Der Zeitgeist kommt ihr entgegen. Angesichts einer sich ausbreitenden Mixtur von Materialismus, Technizismus, Narzißmus und Okkultismus charakterisiert der Literaturnobelpreisträger Saul Bellow die Stimmung in unserer Kultur mit den Worten: »Es ist eine fast magische Existenz ... Insofern leben wir tatsächlich in einem neuen heidnischen Zeitalter. Es kann passieren, daß wir unserer Identität, unserer Vergangenheit und Zukunft verlustig gehen, daß wir zu umherirrenden Seelen werden.«[20] Und er fügt hinzu: »Die moderne Zivilisation hat versagt. Sie ist säkular, materialistisch. Sie hat die letzten Fragen vermieden. Das Leben war weitaus interessanter, als man noch an etwas glaubte.«
Der esoterische Anti-Materialismus sorgt dafür, daß »Reinkarnation« nicht etwa naiv-immanentistisch genommen wird, sondern durchaus eines Glaubens bedarf. Es geht keineswegs nur um eine narzißtische Multiplizierung der eigenen Persönlichkeit in eine Vielzahl geschichtlicher Existenzen; vielmehr erstreckt sich der soziokulturell bedingte Narzißmus auf das eigene Selbst als eine überzeitlich-unsterbliche Größe. Man glaubt nun gnostisch zu wissen und weiß gnostisch zu glauben. Der Reinkarnationsgedanke – so der Mythenforscher Joseph Campbell – »will dir verdeutlichen, daß an dir mehr dran ist, als du selber glaubst. Du hast Existenzdimensionen, hast ein Selbstverwirklichungs- und Bewußtseinspotential, die dein Selbstkonzept weit übersteigen. Dein Leben reicht sehr viel weiter und tiefer, als du dir selber vorstellst ... Aber du kannst mit deiner Lebensweise in diese Dimensionen eintreten.«[21]
Schwindet aber im Wirbel narzißtisch betonter Selbstvervielfältigung und Selbstvergötterung nicht am Ende die Substanz einer personal zu nennenden Identität? Kommt es nicht zu einer unerträglichen Leichtigkeit des Seins, die ins Konturenlose mündet und zeitliche Realität allenfalls als »Maya«, als Schein aufzufassen erlaubt? Muß hier nicht das natürliche Bedürfnis nach leiblich-personaler Selbigkeit einer – daran gemessen – doch nur illusionären Stillung des Sinn-Bedürfnisses geopfert werden? Die Bagatellisierung des Diesseitigen ist eine innere Konsequenz des Reinkarnationsgedankens, die wahrzunehmen der abendländische Mensch kaum geschult ist. Er hängt ja doch am Diesseits und kommt eher in die Versuchung, an »Die ewige Wiederkehr« (so der Titel eines esoterischen Taschenbuches von Joe Fisher zur Reinkarnationsthematik)

zu glauben, als dem buddhistisch verstandenen Nirwana zuzusteuern. Er hält es lieber mit Nietzsche, der, wenn es denn Gott gäbe, es nicht aushielte, selber Gott zu sein, statt einem spiritualistischen Nihilismus zu frönen. Reinkarnation denkt er sich als Wiederverkörperung der Göttlichen, als über viele materielle Existenzen sich hinziehendes, dialektisches Spiel mit Fallen, Stürzen, Befreiungen und Erlösungen ...

Diese Metaphysik bildet sich in schlichter Gestalt ab in Ron L. Hubbards »religiöser Philosophie« namens Scientology. Göttliche Geistwesen, »Thetanen« genannt, verkörpern sich über Billionen Jahre hinweg im materiellen Universum: Nachdem es ihnen in ihrer Ewigkeit langweilig geworden ist, ersinnen sie für sich selber Fallen, aus denen sie sich wieder herauskämpfen müssen.[22] Interessant ist dabei, daß Hubbard 1951 auf diese Dinge stieß, indem er bzw. seine Schüler ihre Klienten mittels des hypnoseartigen »Auditingverfahrens« dazu trieben, hinter ihre Geburt zurückzugehen. Insofern betrachteten sie die scientologischen »Forschungen« als Anstoß für den spektakulären Fall der Bridey Murphy im Jahre 1953.

Während mehrerer Hypnosesitzungen hatte diese Dame angegeben, am 20. 12. 1798 in Irland geboren zu sein. Auch nannte sie verschiedene damalige Personen- und Ortsnamen. Die historischen Nachprüfungen ergaben zum Teil die Unrichtigkeit, zum Teil aber auch die Richtigkeit der verblüffenden Aussagen. Erst die Nachforschungen eines Pfarrers brachten Licht in die viel Staub aufwirbelnde Angelegenheit. Er fand heraus, daß die Informationen und sprachlichen Fähigkeiten von Murphy im wesentlichen auf einprägsamen Kindheitserlebnissen um eine Frau mit irischer Vergangenheit und um einen Kindheitsfreund beruhten.[23]

Zu empirisch anmutenden »Forschungen« nach früheren Leben war es freilich bereits eher gekommen. Vor dem Zweiten Weltkrieg hatte der schwedische Psychologe John Björkhem Rückführungsexperimente an über 1000 Versuchspersonen durchgeführt – mit allerdings durchweg banalen Ergebnissen. Ein dänischer Hypnoseforscher warf ihm schon damals mangelnde Skepsis vor und demonstrierte einen eigenen Versuch an einem schwedischen Dienstmädchen. In Hypnose spielte sie eine vornehme Hofdame aus dem 16. Jahrhundert. Als sie gefragt wurde, wo sie ihr Wasser herhole, antwortete sie anachronistisch: »Was für eine Frage, von der Wasserleitung!«[24]

Der Hypnotiseur E. A. Albert Rochas hatte entsprechende Experimente sogar schon gegen Ende des vorigen Jahrhunderts veranstaltet und dabei festgestellt, daß die oberflächlich beeindruckenden Angaben über frühere Leben oft wenig präzise und voller Anachronismen waren. Versuchsweise hatte er der hypnotisierten Person einmal nicht suggeriert, sie solle in frühere Leben zurückgehen, sondern sie sei bereits alt geworden. Tatsächlich benahm sich die Klientin sofort wie ein alter Mensch, obwohl sie diese Lebensphase noch nicht durchlaufen hatte.[25] Diesen ältesten Forschungen entsprechen heute neueste, die analog zu den hypnotischen Rückführungen in frühere Leben nun »Vorausführungen« in die eigene Zukunft, z. B. ins 23. Jahrhundert, initiieren. Dabei vervielfachen sich die bagatellisierten Existenzen nach vornehin, und was bleibt, ist angesichts der schier unbegrenzten Verlängerung des eben doch todbeherrschten Diesseits eine nihilistische, letztlich unerträgliche Angst: »Übersehen, verdrängen muß der Klient dabei, daß ihm ... Unfall, Krankheit und Tod, Verluste und Fehlschläge bevorstehen. Soweit ›Progressionen‹ überhaupt Bevorstehendes offenbaren, zeigen sie zwangsläufig auch dessen Schattenseiten.«[26]

Reinkarnation als »Hypnotherapie«

Bei hypnotischen »Vorausführungen« liegt es auf der Hand: Sie sind, wie Harald Wiesendanger warnend formuliert, »keine Therapie – schlimmstenfalls erfordern sie überhaupt erst eine.«[27] Wie aber steht es um die Bewußtmachung von belastenden Erlebnissen aus früheren Existenzen? Müßte sich heutige Psychotherapie über feststellbare Traumata des jetzigen Lebens hinaus auch um deren mögliche Vorläufer und Wurzeln in »früheren Leben« kümmern? Soll sie das Auftauchen solcher Phänomene nutzen?
Diese Fragen werden von sogenannten Reinkarnationstherapeuten, wie sie auf dem heutigen Esoterikmarkt vielfach auftauchen, eindeutig bejaht. Als deren deutscher Pionier gilt der eingangs erwähnte Münchener Hypnotherapeut Thorwald Dethlefsen. Sein Buch »Das Erlebnis der Wiedergeburt. Heilung durch Reinkarnation« hat schon im ersten Jahr nach seinem Erscheinen (1978) eine Auflage von 30000 Exemplaren erlebt und wird noch heute in den

esoterischen Abteilungen vieler Buchläden geführt. Anläßlich dieser Publikation widmete ihm das Fernsehen seinerzeit eine über einstündige Sendung. Schien doch der Hypnotiseur mittels seiner Methode dem neugierigen Publikum »exakte und authentische Aussagen über die Vorgänge von Empfängnis, Tod und Nachtodzustand« zu offenbaren! Es ging um nichts Geringeres als um »den experimentellen Nachweis der Wiederverkörperungslehre«, wie es im Nachwort heißt. Sollte die Frage eines Lebens nach dem Tod tatsächlich in den Kreis des empirisch Greifbaren rücken können?

Anhand von Ausschnitten eines veröffentlichten Tonbandprotokolls[28] läßt sich exemplarisch ein Eindruck vom Wert solcher Rückführungsexperimente vermitteln. Dethlefsen spricht mit einer von ihm hypnotisierten Katholikin aus Nürnberg, die im Zuge ihrer Rückführung vorgibt, sie sei eine Christin zur Zeit der römischen Christenverfolgung. Sie äußert die Befürchtung, hingerichtet zu werden. Nach und nach schält sich als Grund für die geplante Exekution aber nicht eine Christenverfolgung, sondern der Umstand heraus, daß sie, die Christin, einen Giftmord ausgeführt habe – eine Motiveänderung, wie sie aus Träumen bekannt ist. Angemerkt sei, daß hypnotische Rückführungen auffallend häufig Mordtaten, Hinrichtungen, Selbstmorde und ähnliche aufregende Todesfälle zu schildern wissen. Dethlefsen (D.) fragt also die Katholikin (K.) nach dem Giftmord.

D.: Wer soll tot sein, wenn er es gegessen hat?

K.: Das ist ein Freund, ein Freund von – ich weiß nicht – mir fällt der Name nicht ein ...

D.: Welche Funktion hat er, was macht er?

K.: Er unterdrückt alle, alle Menschen, er hält sich Sklaven, und er regiert ein großes Reich, ein großes Reich. Er hat viel Macht, sehr viel Macht, aber er haßt alle Christen, er haßt alle Christen!

D.: Er hat viel Macht – ist er ein König, ein Kaiser?

K.: Nein, nein, er ist ein Imperator, er ist ein Imperator, er ist der – nein, Kaiser – er hat viele Titel, er hat viele Titel – Augustus, Augustinus, Augustus, nein, Augustinus, ja, Augustinus. Er haßt alle Christen, er haßt alle Christen vom Romanus – soll sauber werden, das Romanus ...

Dethlefsen betont eigens, »daß diese Frau von ihrer Schulbildung her weder Latein kann noch von den geschichtlichen Zuständen des alten Roms irgendwelche Kenntnisse besaß« – allerdings machen die Äußerungen der Frau auch keineswegs den Eindruck danach! Den Zustand seiner Klientin vor der ersten Hypnose-Sitzung beschreibt Dethlefsen folgendermaßen: »Alle Symptome waren vermischt mit religiösen Ideen ... Sie hatte manchmal rote Flecken im Gesicht, deren sie sich sehr schämte und die besonders stark wurden, wenn sie das Haus verlassen wollte.« Die Ursache der Angst und speziell der roten Flecken versuchte er herauszufinden durch die hypnotische Suggestion: »Wir gehen in der Zeit zurück, so lange, bis Sie auf das Ereignis stoßen, in dem die Flecken zum ersten Mal auftraten.« Daraufhin erzählt die Frau wieder aus demselben Leben zur Zeit der Christenverfolgungen, nur daß diesmal die Christen sie verfolgten. Sie sei in einem Garten bei ihrem ersten Geschlechtsverkehr entdeckt worden, und weil sie sich dem hingegeben hatte, ohne verheiratet und getauft gewesen zu sein, werde sie nun von Christen gefoltert.

D.: Will man, daß du was zugibst oder was sagst?
K.: Ja ... Hm – daß ich die Kirche beschmutzt habe ...
D.: Wer ist alles anwesend?
K.: Es sind – ich weiß nicht, es sind aber nur – fünf Männer, glaube ich – nein – ja – und einer ist ganz besonders grausam.
D.: Wieso, was macht er denn?
K.: Der drückt mir Schwämmchen auf die Haut ... Der hat mein ganzes Gesicht entstellt – der brennt ganz fest ...

Damit soll nun das Urtrauma gefunden sein, das die roten Flecken der Nürnbergerin erklären und dessen Bewußtmachung therapeutisch wirksam sein soll. Die Schilderung der Vorgänge muß allerdings als sehr unglaubwürdig bezeichnet werden. Daß die verfolgten Christen zur Römerzeit grausamste Folterungen vollzogen hätten – der Frau wird dann auch noch das Bein fast ausgerissen –, das ist ebenso unsinnig wie die Aussage, daß eine Christin sich zu einem Giftmord habe überreden lassen.

Während Dethlefsen 1978 noch so tat, als hätte er die Hypnose-Rückführungen in scheinbar frühere Existenzen selber erfunden, räumte er in seinem Folgeband »Schicksal als Chance« (1980) ein, daß sie bereits im vorigen Jahrhundert experimentell durchgeführt worden waren. In diesem Band distanzierte er sich ausdrücklich von den Hypnose-Regressionen – ähnlich wie Hubbard im Unterschied zu seinen Dianetik-Anfängen später mit Hypnose zugunsten einer allerdings sehr hypnoseähnlichen »Reverie« (deutsch: Träumerei!) nichts mehr zu tun haben wollte. Und analog zu Hubbard vollzog Dethlefsen seine Rückführungen fortan nurmehr in leichter Trance, also bei eingeschränktem, aber wachem Bewußtsein. Dabei täuschte er sich (und seine Leser) darüber hinweg, daß dieser Methodenwechsel ohne sachliche Bedeutung war und nicht zufällig zu gleichartigen Ergebnissen führte – als gäbe es nicht ganz unterschiedliche Stufen hypnotischer Zustände! Die durchaus intelligenten Leistungen des Unterbewußten in eingeschränktem Wachzustand, etwa beim automatischen Schreiben, sind der Parapsychologie spätestens seit den Dissertationen von Carl Gustav Jung (1904) und Hans Bender (1936) geläufig.

Gewisse therapeutische Erfolge sind bei solchen Hypnose- und Trance-Regressionen durchaus vorstellbar, zum Teil sogar nachweisbar. In vom Subjekt scheinbar einst durchlittenen Erlebnissen lassen sich tatsächlich akute, latente oder unbewußte Persönlichkeits- und Beziehungsprobleme dramatisierend darstellen und gegebenenfalls bearbeiten. Der Psychologe und Reinkarnationstherapeut Paul Meienberg räumt ein: »Für den Erfolg der Therapie ist es dabei unbedeutend, ob wir nun tatsächlich daran glauben, daß es sich bei der Person, mit der wir uns in dem inneren Geschehen identifizieren, auch wirklich um uns selbst handelt.« Es könne durchaus sein, »daß uns unsere Seele eine Bühne bereitet, auf der alle äußeren Umstände und Mitspieler so arrangiert sind, daß wir in eine Rolle versetzt werden, in der wir unseren aktuellen Konfliktstoff voll ausleben können. Unsere Seele inszeniert ein Drama für uns, in dem wir selbst die Hauptdarsteller sind. Dadurch werden Konflikte bewußt gemacht, und die Dynamik in unseren Gefühlen und Denkmustern kann ausagiert werden.«[29] Allerdings – das müßte der Psychologe eigentlich wissen und dazusagen – besteht auch die Möglichkeit, daß Schaden angerichtet wird. Selbst ein Esoteriker wie Leuenberger erblickt »eine Gefahr in der sogenannten Reinkarnationstherapie«, nämlich darin, daß der Mensch mittels bestimmter Techniken ein Wissen bewußtmache, das ja nicht zufällig verborgen gehalten werde. Er habe schon »mehrmals beobachtet, daß Menschen, die ihre vergangenen Inkarnationen in der guten Absicht erforschten, das von ihnen zu bewältigende Karma zu erkennen, sich der Möglichkeit beraubten, dieses bewußtgemachte Karma zu bearbeiten.«[30]

Ernster zu nehmen sind freilich reale Gefahren wie die, daß Menschen aufgrund ihres Glaubens an neu entdeckte Identitäten einschneidende Handlungen begehen. So hat sich beispielsweise eine ältere Dame von ihrem Gatten scheiden lassen, mit dem sie bis dahin glücklich verheiratet war, weil er gegenüber ihren Erzählungen aus ihrem früheren Leben als Tochter eines indischen Maharadscha skeptisch blieb.[31] Und ob einer jüngeren Malerin namens Andrea dadurch wirklich geholfen wurde, daß sie ihren Gatten in einer »Rückführung« als katholischen Inquisitor erlebte, der sie als Hexe verbrennen ließ? Im Grunde führen solche »Therapien« zu Bagatellisierungen des Diesseits, indem sie den Ernst des Lebens gegen einen illusionär-dramaturgischen Deutungsrahmen eintauschen, der dann zu leichtsinnigen, aber womöglich folgenschweren Aktionen animiert. Margit und Rüdiger Dahlke betonen zurecht, daß das angeblich unschwer auffindbare Urtrauma »den Nachteil erheblicher Beliebigkeit« habe; und überhaupt sei es »letztlich die Reinkarnationstherapie selbst, die das stärkste Argument gegen die Reinkarnationslehre liefere. Wenn nämlich Zeit eine Illusion ist, sind natürlich auch alle Inkarnationen illusionär.«[32]

Zudem besteht die Gefahr, daß bei der pseudopsychologischen Aufarbeitung von traumatischen Erlebniserinnerungen sogenannte »Deckerinnerungen« verkannt werden, wie sie der Schulpsychologie seit Freud bekannt sind: Sie fälschen vergangenes Geschehen mit verhüllenden Bildern ab, um auf diese Weise schmerzliche bzw. anstößige Eindrücke nachhaltig zu verdrängen. Insofern ist zu bezweifeln, ob sie eine förderliche psychische Verarbeitung wenigstens auf »symbolischer« Ebene mit sich bringen. Der Psychologe und Biologe Hansjörg Hemminger bemerkt: »Das angebliche Wiedererleben schmerzlicher Erfahrungen aus früheren Existenzen beseitigt kein gegenwärtiges Problem, sondern verändert es oft nur auf unvorhersehbare Weise.«[33]

Denkbar, ja wahrscheinlich ist zwar, daß mit dem scheinbaren Wiederdurchleben »früherer Existenzen« in gewissem Maß eine psychische Verarbeitung des menschlichen Sterbenmüssens, der Todesfurcht stattfindet. Wie existentiell tragfähig das von manchen Reinkarnations-Gurus angepriesene »Therapie«-Resultat wirklich ist, zeigt sich jedenfalls erst in der Feuerprobe. Klaus Schilling, ein erfahrener Esoteriker, hat nach weit über hundert Stunden sich hinziehender »Reinkarnationstherapie« überrascht feststellen müssen, daß bei ihm eine Leistenbruchoperation Todesangst erzeugen konnte. »Ich hab' gesagt, das gibt's doch nicht, jetzt hast du Reinkarnationstherapie gemacht und erklärst den Leuten den Sterbeprozeß – und jetzt hast du Angst vor einer lächerlichen Operation!«[34] Offensichtlich wird die Angst vor dem realen Tod durch spiritualisierende Todesdeutung allenfalls überspielt. Die existentiellen Phantasie-Dramen bleiben Bagatellen. Bereits Freud hat bemerkt, der Gedanke der Seelenwanderung sei in der Absicht ersonnen worden, dem Tod seine Bedeutung als Aufhebung des Lebens zu rauben.[35] Analog dazu erklärt der Psychologe Dieter Bürgin: »In den Wiedergeburtsphantasien ist wohl das Faktum des Sterbens als Ende akzeptiert; es wird aber sofort oder nach kurzem Intervall in einen Neubeginn verwandelt. Die Verleugnung der Endgültigkeit dominiert über die Anerkennung der Realität.«[36] Wenn diese psychologische Interpretation zutrifft (sie wäre auch gerade dort evident, wo Tod und göttliches Gericht im Zusammenhang gesehen und miteinander verdrängt werden), dann ist der Reinkarnationsvorstellung eine religiöse Einstellung überlegen, welche die Anerkennung der Todesrealität nicht durch den Gedanken einer Reversibilität wieder aushöhlt, ohne deshalb einer umfassenden Zukunftshoffnung zu entsagen. Eine solche Einstellung ist auf der Grundlage der christlichen Auferstehungshoffnung möglich: Nicht um fragwürdige Heilungsversuche, sondern um das Heil selbst geht es hier, und damit um die frohmachende und heilsame Gewißheit derer, die »durch Furcht vor dem Tode das ganze Leben hindurch geknechtet waren« (Hebr. 2,15).

Sind hypnotische Rückführungen beweiskräftig?

Ist »Reinkarnation« nicht nur eine Sache des Glaubens bzw. der Hoffnung, sondern des Wissens, wie moderne Esoteriker behaupten? Mit anderen Worten: Ist sie – und damit das Überleben des Todes – wissenschaftlich beweisbar? Viele Christen, ja selbst Theologen zeigen sich verwirrt und argumentativ oft hilflos angesichts

von »Erfahrungsbeweisen« für ein Menschen- und Weltverständnis, das von biblischer Orientierung wegführt.
Wie allerdings schon deutlich geworden ist, können die meisten hypnotischen »Rückführungs«-Versuche schwerlich als wissenschaftliche Beweise in Anspruch genommen werden. Zwar heißt es in Friedrich Schillers Gedicht »Hoffnung«: »Und was die innere Stimme spricht, das täuscht die hoffende Seele nicht.« Aber selbst Dichter haben nicht immer recht. Unter Hypnose oder in Trance stellt nämlich jede geringste Prämisse eine folgenreiche Suggestion dar.
Aufschlußreich sind diesbezüglich die alten, heute zu Unrecht in Vergessenheit geratenen Berichte von Thomson Jay Hudson.[37] In seiner Anwesenheit wurde ein junger Mann hypnotisiert, der den spiritistischen Geisterglauben entschieden ablehnte, aber eine Vorliebe für philosophische Studien besaß. Nachdem ihm der Hypnotiseur suggeriert hatte, er könne den Geist des Sokrates herbeizitieren, ließ er sich tatsächlich auf eine Diskussion mit dem »Spiritus« des toten Philosophen ein. In dem zweistündigen fiktiven Gespräch wurde ein wunderbares philosophisches System entwickelt. Und in späteren Hypnosesitzungen gelang es problemlos, weitere Geister verstorbener Philosophen in die Diskussionen einzuführen. Schließlich wurde dem jungen Mann ein sehr gelehrtes, philosophisches Schwein vorgestellt. Die Suggestion lautete, das Schwein sei die Karma-Verkörperung eines moralisch zweifelhaften alten Hindupriesters und könne sich an dessen Wissen erinnern. Prompt entwickelte das imaginierte Schwein eine Erklärung der Hinduphilosophie.
Angesichts der verblüffenden Wirkungen einer Suggestion unter Hypnose oder in Trance-Zuständen läßt sich denken, was es bedeutet, wenn ein Hypnotiseur wie Dethlefsen sein methodisches Vorgehen wie folgt beschreibt: »Ich suggerierte ihm, er befände sich im Mutterleib, drei Monate vor der Geburt. Und schon erzählte er uns von seinen Eindrücken als Embryo ... Ich suggerierte: ›Wir gehen jetzt noch weiter zurück – und zwar solange, bis du auf ein Ereignis stößt, das du genau schildern und beschreiben kannst – solange gehst du in der Zeit zurück!‹«[38] Tiefenpsychologisch bedeutet der hypnotische Zustand eine Regression in kindlich-unkritisches Denken und Fühlen, wobei dem Hypnotiseur die Vater- bzw. Mutter-

rolle zukommt. Von daher versteht man: »Die Psyche ist sozusagen eine außerordentlich höfliche Instanz: wo immer es sich machen läßt, erweist sie sich gern als gefällig, und aus diesem Grund ist sie hochgradig suggestibel. Im Wahrnehmungs- und Erlebnisbereich auftretende Lücken und Löcher stopft sie gegebenenfalls in Windeseile zu.«[39]

Was aber passiert, wenn die Suggestion zur Erinnerung von Erlebnissen zu einer Zeit aufruft, in der die Versuchsperson noch gar nicht gelebt hat? Die Psychiatrie kennt für das subjektiv ehrliche, aber dennoch phantasierende Ausfüllen von Erinnerungslücken den Begriff der Konfabulation. Ein Lexikon erklärt: »Die Entstehung von Konfabulationen läßt sich durch den Druck zur folgerichtigen Fortführung einer einmal eingeschlagenen Gedankenrichtung erklären, wobei das objektive Wissen und die Tatsachenkenntnis jedoch nicht zur Ausführung dieses Denkaktes ausreichen. An dessen Stelle wird, um dem inneren Bedürfnis nach Vollendung gerecht zu werden, eine zwar nicht sinnlose, aber relativ unbegründete Fabeldichtung gesetzt.«[40] Wenn aber Konfabulation schon im Wachbewußtsein möglich ist, etwa bei Erinnerungslücken nach einem Verkehrsunfall, dann erst recht infolge (quasi-)hypnotischer Suggestion!

Der Glaube an Reinkarnation als solcher wirkt sich als Suggestionsbereitschaft und in Trancezuständen als Suggestionsförderung aus. Von daher erklären sich Phänomene in alter und neuer Zeit, die ein scheinbar spontanes Erleben früherer Existenzen im Zuge außergewöhnlicher Bewußtseinszustände beinhalten. Hier wäre beispielsweise an die Rückblicke im Verlauf der entscheidenden Erleuchtung des Gautama Buddha zu denken[41], aber auch an zeitübergreifende Regressionserlebnisse unter Drogen oder in Trance, wobei die Aktivierung tieferliegender Gehirnschichten ihrerseits den Zugang zu mythischen Denk- und Erlebnisformen fördert.

Methodisch herbeigeführte Rückführungen unter Hypnose werfen freilich ein kritisches Licht auf die Erwartung, daß derlei Sondererfahrungen einen geschichtlichen Realitätsgehalt transportieren. Morey Bernstein hat in seinem »Protokoll einer Wiedergeburt« selber vermerkt, er glaube, daß bereits während der hypnotischen Rückführung in der Erinnerung des gegenwärtigen Lebens »zuweilen Dichtung und Wahrheit ineinander übergehen.«[42] Das dürfte

insbesondere für angebliche »Erinnerungen« an Geburt und Embryonalzustand gelten. Wo nicht in diese Richtung »konfabuliert« wird, dort versagen selbst unter Hypnose die Erinnerungen etwa ab dem dritten Lebensjahr.
Der namhafte amerikanische Parapsychologe und Reinkarnationsforscher Ian Stevenson erzählt von zahlreichen Beispielen selbst durchgeführter und hinterher nachgeprüfter Hypnoseexperimente. Er nimmt an, daß die meisten Merkmale angeblicher »Erinnerungen« der Phantasie entstammen.[43] Auch der Mediziner und Philosoph Raymond A. Moody resümiert in seinem Buch »Leben nach dem Leben« auf der Basis von rund 200 eigens durchgeführten Hypnose-Regressionen: »Bei den plastischen Rückführungserlebnissen handelte es sich durchweg um faszinierende Dramen, nach deren Herkunft man in vielen Fällen nicht lange zu suchen brauchte. Ein Teil ließ sich unschwer als Widerschein von Beziehungsproblemen oder latent neurotischen Bedingungen in den derzeitigen Lebensumständen der Versuchsperson identifizieren. Andere Erlebnisse wiederum brachten unverkennbar das Selbstkonzept – den persönlichen Mythos – der Versuchsperson zum Vorschein.«[44]
Nach Bedarf kann übrigens in hypnoseartigen Bewußtseinszuständen die Grenze des gegenwärtigen Lebens nicht nur in Richtung Vergangenheit oder Zukunft, sondern auch in Richtung »Jenseits« überschritten werden. Von Buch zu Buch und Autor zu Autor schillert das Jenseits bzw. das Zwischen-Reich zwischen den verschiedenen Existenzen in anderen Farben und inhaltlichen Vorstellungen. Beispielsweise sind nach dem Protokoll von Bernstein im Jenseits Freunde und Bekannte anzutreffen, während es Dethlefsen zufolge »dort« kein Wiedersehen und Händeschütteln gibt. Dabei kommt dem spiritistischen Argument, daß hinsichtlich der Reinkarnation niedere Geister die Unwahrheit, höhere Geister aber die Wahrheit lehrten, keinerlei Gewicht zu, zumal es von Befürwortern der Reinkarnationstheorie ebenso gebraucht wird wie von ihren spiritistischen Gegnern.
Nach allem Gesagten fällt es nicht schwer, Jenseits-Schilderungen hypnotisierter Klienten oder in Trance befindlicher Medien als unter (Selbst-)Suggestion vom Unterbewußtsein komponierte Jenseits-Philosophien zu verstehen, die wie bei dem von Hudson angeführten Beispiel so etwas wie Konfabulationen auf der Grundlage

von bereits angeeignetem esoterischen oder religiösen Lehrgut in sich stimmig entwickeln. Daß die hypnotisierten Versuchspersonen zum Teil phantasieren, räumt sogar Dethlefsen ein. Wie er geschickt zu erklären versucht, seien solche Phantasien als Verdrängung eines tiefer liegenden Traumas aufzufassen. Im übrigen seien sie von tatsächlichen Erinnerungen an frühere Leben dadurch unterscheidbar, daß ihnen eine gewisse Unwirklichkeit in der Darstellung zukomme, die wie der Traum kaum Rücksicht auf Logik und Wirklichkeit nehme. Doch ein solches Unterscheidungskriterium ist nicht akzeptabel. Die offensichtlich auf Konfabulation und damit wenigstens teilweise auf einer gehörigen Portion Phantasie beruhenden Angaben von Versuchspersonen pflegen auf den ersten Blick durchaus wirklichkeitsnah und keineswegs traumähnlich zu wirken.

Schlußendlich kann von einer Beweiskräftigkeit des dargelegten Phänomens nicht die Rede sein. Der Parapsychologe Hans Bender warnt ausdrücklich davor, »hypnotische oder nicht-hypnotische Rückführungsphantasien als Beweis für ein früheres Leben anzusehen.«[45] So billig läßt sich der Tod nicht transzendieren.

Ist Reinkarnation überhaupt beweisbar?

Esoteriker wissen, daß sie ihre sanften Todesinterpretationen im Horizont der Moderne nicht einfach nur als Behauptungen hinstellen dürfen, wenn sie eine breitere Aufmerksamkeit erheischen wollen. Und so warten sie denn mit einigen anderen Faktoren auf, die eher als »Beweise« für das Reinkarnationskonzept in Frage kommen. Auf die wichtigsten sei im folgenden eingegangen (wobei solche Zugänge vernachlässigt werden, die sich zwar »geisteswissenschaftlich« nennen, mit universitätswissenschaftlichen Methoden aber nichts zu tun haben).

Kurze Déjà vu-Eindrücke, also scheinbares, augenblickliches Wiedererkennen von Orten oder Personen, mögen an sich noch nicht viel besagen und lassen sich etwa als kurzzeitige Fehlschaltungen im Gehirn abtun. Bedeutender sind schon Fälle, in denen Hypnose-Rückführungen – um noch einmal auf dieses Phänomen zurückzukommen – Informationen zutage fördern, über die der Klient bis dahin seines Wissens nicht verfügt hat und die sich bei Nachprüfungen als zutreffend erweisen. Freilich muß dazu sogleich gesagt sein, daß im Hinblick auf positive Behauptungen dieser Art Bescheidenheit am Platze ist. Dethlefsen schreibt zwar vollmundig, die Versuchspersonen würden »historische Einzelheiten mit erstaunlicher Exaktheit und Richtigkeit« erzählen. Im Nachwort zu seinem Buch heißt es aber, der Autor habe seine Resultate der historischen Überprüfung unterzogen, und »es sollte nicht verschwiegen werden, daß die Ergebnisse bisher enttäuschend negativ ausgefallen sind.«

Trotzdem scheint es gelegentlich Fälle zu geben, in denen detaillierte Angaben historisch verifiziert werden können. Mehrfache Erklärungsmöglichkeiten tun sich hierfür auf, so daß von vornherein eine wissenschaftliche Beweiskräftigkeit nicht in Frage kommt. Durchaus ernstzunehmen ist etwa der parapsychologische Hinweis auf die Möglichkeit außersinnlicher Wahrnehmung (ASW), die gerade im Zustand der Hypnose enorm verstärkt wird.[46] In außergewöhnlichem Bewußtseinszustand ist der Erwerb von Informationen, ja von Fähigkeiten denkbar, die der Versuchsperson bisher nicht zur Verfügung standen. Das trifft etwa auch für künstlerische Fähigkeiten zu, wie schon vor Jahrzehnten sowjetische Versuche mit künstlich, eben durch Hypnose erzeugten »Reinkarnationen« nachgewiesen haben.[47] Auf diese Weise lassen sich z. B. auch außergewöhnliche Tanzleistungen in Trance erklären, ohne daß sich ihretwegen der Schluß auf Reinkarnation oder Besessenheit nahelegen müßte.

In diesem Zusammenhang verdient überdies das Phänomen der Xenoglossie Erwähnung, also das Auftreten von Sprachkenntnissen, die in außergewöhnlichen Bewußtseinszuständen auftauchen können, während die wache Versuchsperson sich solcher Kenntnisse nicht bewußt ist. Paranormale Hypothesen sind hier möglicherweise angebracht – aber keineswegs immer nötig. So gab eine Hausangestellte unter Hypnose ganze Sätze in hebräischer und lateinischer Sprache von sich. Nachforschungen zeigten jedoch, daß sie diese Sätze im Hause eines Priesters gehört hatte, bei dem sie früher einmal angestellt gewesen war: Dessen Rezitationen hatten sich ihrem Unterbewußtsein eingeprägt.[48]

Besonders krass verlief der seinerzeit weitbekannte Fall der Helene Smith am Ende des vorigen Jahrhunderts.[49] In hypnoseähnlichem

Zustand erlebte sie sich als Hindumädchen und als Marie-Antoinette. Als spiritistisches Medium erzählte sie schließlich vom Mars und seinen Bewohnern. Eine Analyse ihrer angeblichen Mars-Sprache deutete auf verdächtige Verwandtschaft mit dem Französischen hin. Bei wachem Bewußtsein wurde ihr diese Analyse vorgelegt. Erneut in Trance, bot sie daraufhin eine Variante, nämlich eine »Ultra-Marssprache«. Dieses Beispiel veranschaulicht, wie sich Zwischensitzungen bei wachem Bewußtsein korrigierend – oder je nach Inhalt entsprechend bekräftigend – auf Aussagen in anderem Bewußtseinszustand auswirken. Insgesamt sollte man jedenfalls nicht voreilig mit dem animistischen Erklärungsmodell der Parapsychologie argumentieren. Zu oft schon konnten verblüffendste Informationen und Fähigkeiten, die angeblich aus früheren Leben stammten, auf einfachere Weise geklärt werden. Beispielsweise hat man im Anschluß an Hypnoserückführungen die betreffenden Personen abermals in Hypnose versetzt, nun aber zu dem Zweck, den aus »früheren Leben« stammenden Angaben auf den Grund zu gehen. Dabei kam heraus, daß etliche Informationen und Persönlichkeitszüge in Wahrheit auf Theatervorstellungen, Romanen, menschlichen Begegnungen und Ähnlichem beruhten.[50]

Dennoch erweist sich die Argumentation mit paranormalen Fähigkeiten oder Aspekten mitunter als kaum vermeidbar. Das gilt etwa für Behauptungen, denenzufolge bestimmte Leberflecken oder Hautpigmentierungen ihre Ursachen in Verletzungen, meist in tödlichen Verwundungen während früherer Existenzen haben. Nur in seltenen Fällen liegen freilich die Dinge so, daß der Träger des auffälligen Geburtsmals Angaben über seine frühere Existenz macht, die überprüfbar sind – und sich bestätigen! Aber selbst dann lassen sie sich mit der animistischen Hypothese der Parapsychologie so erklären, daß die Notwendigkeit des Reinkarnationsgedankens entfällt.[51] Außerdem wäre der Hinweis denkbar, daß Muttermale vererbt werden können. Doch dient die von Skeptikern vorgebrachte These einer möglichen Vererbung ganzer Erlebnisinformationen nicht der rationalen Erklärung der Reinkarnationsphänomene: Sie ist selber unbewiesene Spekulation und scheitert in solchen Fällen, in denen die Versuchsperson gar nicht mit der »früheren« Person verwandt ist. In der Regel führt freilich die Argumentation mit auffälligen Geburtsmalen schon insofern nicht weit, als man lange darüber streiten kann, ob nun ein Ereignis aus einem früheren Leben der Entstehung des Hautflecks zugrunde liegt – oder umgekehrt das Wissen um den Hautfleck der Konfabulation einer dazu passenden Geschichte!

Paranormale Deutekategorien verlangen wohl auch die von dem US-Parapsychologen Stevenson beigebrachten Fälle von Spontanerinnerungen bei Kindern, wie er sie in seinem berühmten Buch »Wiedergeburt« dargestellt und erörtert hat. Während auf dem Titelbild der deutschen Ausgabe von »zwanzig wissenschaftlich bewiesenen Fällen« die Rede ist, unterstreicht Stevenson ausdrücklich bereits im Vorwort: »Alle Fälle haben Schwächen, desgleichen auch alle ihre Berichte. Weder kann ein Einzelfall noch können die Fälle in ihrer Gesamtheit als Beweis für die Wiederverkörperung herangezogen werden.«

Das Buch schildert Berichte von eindrucksvollen Fällen, in denen Kleinkinder vor allem in Indien plötzlich und wirkungsvoll eine andere Identität vorgeben. Abgesehen von der Frage, welchen authentischen Wert das Material im einzelnen besitzt, muß gerade aus parapsychologischer Sicht betont werden, daß für entsprechende Phänomene eine ganze Reihe von Erklärungsmöglichkeiten gegeben sind, wie Stevenson selbst sehr wohl weiß und aufzeigt. Daß bei den betreffenden Fällen die Reinkarnationshypothese sogar als unwahrscheinlich zu gelten hat, zeigen einige dieser Beispiele dadurch, daß der einstige »Besitzer« der angeblich reinkarnierten Seele erst zu Lebzeiten des betreffenden Kindes gestorben ist! Man muß also für eine Erklärung des Phänomens insgesamt nach anderen Interpretationsmöglichkeiten Ausschau halten, wobei die animistische Theorie der parapsychologischen Forschung dienlich sein mag.

Reinkarnation und Sterbe-Erlebnisse

Schließlich ist noch – unter Vorgriff auf das Thema des nächsten Kapitels – zu fragen, ob vielleicht sogenannte Sterbe-Erlebnisse in ihrer Authentizität und Spontaneität Indizien für »Reinkarnation« liefern. Immerhin gibt das »Lexikon der Sekten, Sondergruppen und Weltanschauungen« (1990) in seinem Artikel »Thanatologie« die Auskunft, im diesbezüglichen Schrifttum finde sich »durchgängig die Reinkarnationsidee«. Doch das ist schlicht falsch; wahr ist eher das Gegenteil! Der erwähnte Lexikonartikel nennt als Beleg für die abwegige Behauptung unter anderem den Sterbeforscher Raymond Moody. Der jedoch hielt in seinem Bestseller »Leben nach dem Tod« fest: »Kein einziger der mir bekannten Fälle bietet irgendwelche Anhaltspunkte dafür, daß es eine Seelenwanderung im Sinne von Reinkarnation gibt.«[52] Entsprechendes gilt für den Sterbeforscher Karlis Osis, der über tausend Berichte von Sterbebett-Visionen aus den USA und aus Indien mit dem Computer ausgewertet hat. Noch vor Erscheinen seines Buches »Der Tod – ein neuer Anfang« in Deutschland (1978) habe ich ihn in einem Tonband-Interview gefragt, ob ihm im Zusammenhang mit den erforschten Visionen irgendwelche Indizien für Reinkarnation bekannt geworden seien. Antwort: Dies sei zu seiner eigenen Überraschung weder in Indien noch in den USA der Fall gewesen. Sein zusammen mit dem Parapsychologen Erlendur Haraldsson verfaßtes Buch bestätigt das.

Bemerkenswert ist der Umstand, daß die Verbindung von todesnahen Jenseitsvisionen und Reinkarnationsidee bereits in zwei antiken Texten auftaucht, die von Platon und Plutarch stammen. Doch besagt dieser Befund insofern wenig, als man berücksichtigen muß, daß sowohl Platon als auch Plutarch selbst der Reinkarnationsidee nahestanden. Die Annahme drängt sich auf, daß sie die betreffenden Darstellungen ganz offensichtlich im Sinne ihrer Weltanschauung ausgebaut haben – ein zu ihrer Zeit ganz übliches Vorgehen!

Einer der wenigen modernen Sterbeforscher, die in ihrem Material Indizien für Reinkarnation zu entdecken meinen, ist der amerikanische Psychologe Kenneth Ring. In seinem Buch »Den Tod erfahren – das Leben gewinnen« (1985) erwähnt er seltene Fälle, in denen Menschen in unmittelbarer Todesnähe angeblich nicht bloß ihr nun scheinbar zu Ende gehendes, sondern auch noch »frühere Leben« vor ihrem inneren Auge ablaufen sahen. Gerade diese Ausnahmefälle lassen wiederum spekulative Erklärungsversuche mittels der animistischen Theorie der Parapsychologie als denkbar erscheinen: Das spontan erweiterte Bewußtsein könnte in außersinnlicher Wahrnehmung die traumatische Todesnähe-Rückschau anderer Personen der Vergangenheit aufgesucht haben. Doch diese spekulative Annahme wäre nur erforderlich, wenn sich nachweisen ließe, daß die betreffende Rückschau Stoffe zum Inhalt hatte, die zum einen historisch verifizierbar und zum andern dem »Visionär« unmöglich bekannt sein konnten. Ansonsten kommt man mit Erklärungen aus, wie sie von Medizinern, Psychologen und Geisteswissenschaftlern zum Phänomen der integrativen Lebensrückschau in Todesnähe vorgelegt worden sind.

Insbesondere seit dem Auftritt des ungarischen Architekten und Esoterikers Stefan von Jankovich in einer mehrstündigen ZDF-Sendung über Reinkarnation im Januar 1986 mögen viele Menschen glauben, Sterbe-Erlebnisse hätten mit Seelenwanderung zu tun. Die Erzählung von seinem Fast-tot-Erlebnis, das er 1964 nach einem Autounfall hatte, ließ ein Millionenpublikum den Eindruck gewinnen, als sei die häufig berichtete Erfahrung einer spontanen, geraff-ten Lebensrückschau in Todesnähe lediglich der Beginn eines Gesamtüberblicks über mehrere vergangene Leben. Doch bei näherer Betrachtung stellt sich etwas Merkwürdiges heraus. Von Jankovich schilderte, er habe sich in seiner Rückschau in einem früheren Leben als Fischer erlebt. Derlei Aussagen paßten zwar in die betreffende ZDF-Sendung, die der esoterisch interessierte Leiter der ZDF-Kulturredaktion Karl Schnelting inszeniert hatte. Sie paßten aber nicht zu dem Buch, das von dem gelernten Architekten früher unter dem Titel »Ich war klinisch tot« (1984) in einem theosophischen Verlag publiziert worden war. Dort hatte der Esoteriker nämlich berichtet, daß die Gesamtzahl aller Szenen seines Lebenspanoramas sich auf die Zeit von seinem »Tod« nur bis zurück zu seiner Geburt in Budapest bezog! Mittlerweile hat er in demselben Verlag das Buch »Reinkarnation als Realität« (1993) veröffentlicht, in dem er die Wahrnehmung von nicht weniger als acht »früheren Leben« im Zuge seiner damaligen Todesnähe-Erfahrung zum besten gibt. Indes – man wird wohl davon auszugehen haben, daß das neun Jahre ältere Buch mit seinem bescheideneren Gehalt eher der Wahrheit entspricht.

Von irgendwelchen Beweisen oder auch nur handfesten Indizien für Reinkarnation kann mithin in keiner Weise die Rede sein, mögen das auch von Jankovich und ähnlich Gesonnene noch so oft behaupten. Zurecht betont Moody am Ende seiner Reinkarnations-Monographie, bezüglich der »Seelenwanderung« stünden die Beweise bisher noch aus. Und er fügt hinzu: Eben weil der Reinkarnationsgedanke eine tiefe Sehnsucht der menschlichen Seele anspreche, sei »äußerste Skepsis am Platze gegenüber allen von wem auch immer berichteten Beobachtungen und Fakten, die die Wahrheit jener Lehre zu beweisen scheinen.« Auch der parapsychologische Experte Johannes Mischo erklärt: »Eine überzeugende empirische Belegbasis für die Reinkarnation gibt es nach meiner persönlichen Einschätzung derzeit nicht.«[53] Ob Reinkarnation überhaupt beweisbar sein kann, ist im übrigen erkenntnistheoretisch zu bezweifeln.

Dieses Resultat mag manche betrüben, die den Tod gern mittels einer nicht bloß von Wunschgedanken diktierten, sondern empirisch gestützten Reinkarnationstheorie bagatellisieren wollen. Aber ich habe es auch schon anders erlebt: Nach einem Vortrag zu diesem Thema kam eine ältere Frau zu mir und erzählte mir von einem unerklärlichen Erlebnis, das doch für Reinkarnation spreche. Als ich ihr eine Alternativ-Erklärung gab, atmete sie erleichtert auf; es war ihr abzuspüren, daß ihr eine Last von der Seele fiel, und sie formulierte das auch ausdrücklich. Denn seit vielen Jahren war aufgrund ihrer persönlichen Erfahrung oder besser: aufgrund der ihr bis dahin einzig möglichen Deutung des Erlebten der Reinkarnationsgedanke für sie ein Denkzwang gewesen, den sie gern wieder gegen die christliche Hoffnung eintauschte.

IV. Sterbeforschung: Die bagatellisierte Grenze

Es läßt sich schwerlich bestreiten: «Ob Hoffnung überhaupt eine sinnvolle Daseinshaltung ist oder nicht, das entscheidet sich für den einzelnen zuletzt an der Frage, ob es etwas zu hoffen gibt über den Tod hinaus. Alle vorläufigen Hoffnungsbilder sind in ihrem Sinn bedroht durch die Unausweichlichkeit des Todesgeschicks.»[1] Ganzheitliches Hoffen hat sich also darin zu bewähren, daß es vor der Grenze des Todes nicht kapituliert. Wo diese Grenze allerdings nur bagatellisiert wird, dort handelt es sich entweder um eine allzu kleinmütige Hoffnung, die angesichts des finsteren Waldes scheinbar spielerisch ihr Liedchen pfeift; oder aber man hat es gar nicht mehr mit einer Hoffnung, sondern vorgeblich mit Wissen zu tun. Von solchem Erfahrungswissen berichten tausende von Menschen, die von sich sagen, daß sie bereits tot gewesen seien. Für sie hat sich die Todesgrenze tatsächlich als eine Bagatelle erwiesen – als ein schönes Erlebnis. Nicht zuletzt zwecks möglicher Untermauerung dieser Perspektive hat sich ein interdisziplinärer Wissenschaftszweig etabliert, der landläufig «Sterbeforschung» genannt wird.

Angesichts der Grenzen des Wachstums, die während des letzten Vierteljahrhunderts global erkennbar geworden sind und den Fortschrittsglauben der Neuzeit erschüttert haben, ist die Botschaft der Sterbeforscher vielfach auf offene Ohren gestoßen. Noch Anfang der siebziger Jahre notierte Carl Heinz Ratschow: »Innere Unentschlossenheit und quälende Unsicherheit in allen Fragen, die den Tod übersteigen, scheinen für unsere Welt im ganzen das zentrale Kennzeichen zu sein.«[2] Seither aber ist die Sterbeforschung selbst zum Hoffnungsgegenstand avanciert. Denn die von ihr zu erhaltende positive Aufklärung über den Tod als eine durchlässige Grenze entzückt gerade deshalb, weil sie unter den Bewußtseinsbedingungen des naturwissenschaftlich-technischen Zeitalters formuliert ist. Man durchleutet die unbekannte Seite des Todes, und zwar mit den Mitteln empirischer Wissenschaft! Das ist es doch, was heute not tut: Nachweisbare Indizien für ein Fortleben jenseits des

Todes! Und zwar bitte auf der Basis authentischer, spontaner Erfahrungen – nicht im Halbdunkel okkultistischer Pseudowissenschaft!

Transparenz des Todes?

So hat sich im Kontext der Spätmoderne eine regelrechte »Todesforschung« etabliert. Das aus dem Griechischen stammende Fachwort lautet »Thanatologie« und wird – seit 1978 ein Lexikonbegriff – definiert als »interdisziplinäres Forschungsgebiet, das sich mit Fragen des Sterbens und des Todes befaßt«, unter anderem mit »Sterbeerlebnissen« und dem Glauben »an ein Leben nach dem Tod«[3]. Die Thanatologie kann sich auf medizinische, psychologisch-psychiatrische, soziologische und theologisch-religionswissenschaftliche Disziplinen erstrecken. Ihre Befassung mit Sterbenden, vor allem mit deren häufig nachweisbaren Grenzerfahrungen, hat Furore gemacht, seit Medizinerinnen und Mediziner systematisch authentischen Berichten von Menschen nachgegangen waren, die aus dem klinischen Tod oder aus unmittelbarer Todesnähe heraus »reanimiert«, wiederbelebt werden konnten. Zumal solche Reanimationen durch den Fortschritt der Medizin immer häufiger gelungen waren, ergab sich die Möglichkeit, hunderte, ja tausende solcher Erfahrungsberichte zu vergleichen und auszuwerten – und von daher auch die Frage nach dem Weiterleben des Menschen jenseits des Todes neu zu stellen. Erkenntnisse an diesem Punkt zu gewinnen, wo jede innerweltliche Hoffnung zu enden pflegt, ließ sich zunehmend als eine Frucht derselben Wissenschaft betrachten, die bislang eher den Glauben an die reine Diesseitigkeit aller Dinge gefördert hatte.

Und tatsächlich schien sich für die Sterbeforscher das Wort des Dichters Gottfried Keller zu bewahrheiten: »Es ist auf Erden keine Nacht, die nicht noch ihren Schimmer hätte ...« Es zeichnete sich ab, daß Sterben entgegen landläufigen Erwartungen häufig als lichtvolle, angenehme Erfahrung empfunden wird. Vor allem aber ließen die zahlreich veröffentlichten Visions- und Auditionsberichte aus unmittelbarer Todesnähe für viele Menschen die Möglichkeit einer nachtodlichen Existenz wieder eher glaubhaft und vorstellbar erscheinen. Die sogenannten »Sterbe-Erlebnisse« haben die transmortale Perspektive in die Kategorie des Anschaulichen zurückgeholt. Der »Blick nach drüben«[4] schien ins Gebiet der Möglichkeiten menschlicher Erfahrung zu fallen, der Tod transparent zu werden. »Wir sind nicht nur von dieser Welt« – diese Formulierung in einem Buchtitel (1981) des inzwischen verstorbenen Wissenschaftspublizisten Hoimar von Ditfurth kennzeichnete von daher die wachsende Überzeugung vieler Zeitgenossen, die nicht selten in eine grundsätzliche Aufgeschlossenheit für esoterische Themen mündete.

Der 1991 verstorbene Altmeister der Parapsychologie in Deutschland, Hans Bender, sprach im Blick auf die begeisterte Rezeption der Sterbeforschung in vielen Ländern von einer regelrechten »thanatologischen Welle«[5]. Zurecht nahm er dabei die Bezüge zur neureligiösen und zur okkulten Welle wahr, mit denen sie einherging und deren gemeinsames Kennzeichen in einem wachsenden Streben nach Bewußtseinserweiterung bestand. Von daher erklärte er die Attraktivität der Thanatologie: »Hinter diesem Bedürfnis nach Bewußtseinserweiterung steht offenbar die Frage nach dem Sinn der individuellen Existenz, die notwendig das Menschheitsproblem ihrer physischen Begrenzung durch den Tod einschließt. Das sind Probleme, auf die die Religionen eine Antwort bieten und die nun auch im Hinblick auf das wissenschaftliche Erkennen gestellt werden.«[6]

Das grundsätzliche Dilemma der Thanatologie ist damit beim Namen genannt, und es steckt ja auch schon in ihrem Namen selbst. Als »Wissenschaft vom Tode« geht es ihr um das, was sich wissenschaftlich über den Tod ausmachen und aussagen läßt. Der Tod hat aber verschiedene Aspekte, nämlich immanente, empirisch zugängliche, und transzendente, geheimnisvolle, die in den Bereich von Religion oder Metaphysik gehören. Thanatologie enthält insofern schon in ihrem Namen die Verlockung, unter Mißachtung der Unterscheidungsnotwendigkeit im Hinblick auf die genannten Aspekte des Todes empirische Wissenschafts- und geistige Weltanschauungsbereiche zu vermengen.

Die so zahlreich bekanntgewordenen Grenzerfahrungen in Todesnähe legen in der Tat vom Gehalt ihrer Aussagen her entsprechende Grenzüberschreitungen nahe. Man fragt sich, ob die zahlreichen subjektiven Behauptungen, transzendente, authentisch-jenseitige Erfahrungen gemacht zu haben, zur Grundlage einer empirischen Wissenschaft vom Tode in all seinen Aspekten, eben auch den jenseitigen, gemacht werden können. Wenn in dieser Richtung überlegt werden darf, so liegt die mögliche Relevanz der Thanatologie für die Beantwortung umfassender, letztlich religiöser Sinn- und Hoffnungsfragen auf der Hand.

Peter Beisheim erklärt: »Das zunehmende Interesse an der Thanatologie ist ein Symptom der ständigen Überspezialisierung und nicht ganzheitlichen Schau des Lebens und der Wirklichkeit durch den technologisch orientierten Menschen, der sie in der Hand hat. Dem Bedürfnis nach einer totalen Integration des Lebens zu entsprechen, war traditionsgemäß die Funktion der religiösen Institutionen und wird es vielleicht einmal wieder sein.«[7] Heute sieht es so aus, als könnte wissenschaftliche Erforschung des Todes zu solchem Anspruch auf die Integration des Lebens tendieren. Nicht wenigen scheint sie schon zur Quasi-Religion geworden zu sein. Richtig beobachtet Karl-Fritz Daiber: »Die Neubeschäftigung mit der Zukunft nach dem Tode ist eine wissenschaftliche. Sie ist nicht Religion, zumindest ihrem Selbstverständnis nach, sondern eben Wissenschaft, orientiert am grundlegenden Erfahrungsmodell dieser Gesellschaft.«[8]

Was aber hat die Thanatologie tatsächlich bislang herausgebracht? Konnte sie die These vom »schönen Sterben« untermauern, für die viele Reanimierte eintreten? Um hier zu einem differenzierten Urteil zu kommen, lohnt es sich, die Sterbeforschung in ihrer geschichtlichen Entwicklung von ihren Anfängen bis in die Gegenwart wenigstens skizzenhaft in den Blick zu bekommen.

Vorläufer der Thanatologie

Platon hat von seinem dem Tod entgegensehenden Lehrer Sokrates die Worte überliefert: »Niemand kennt den Tod, und niemand weiß, ob er nicht vielleicht das größte Gut für den Menschen ist, und sie fürchten ihn, als wenn sie gewiß wüßten, daß er das größte Übel sei.« Damit ist die Situation des sterblichen Menschen zwischen Bangen und Hoffen treffend beschrieben. Für die aufstrebende Philosophie Griechenlands war es dementsprechend ein Leitmotiv, den Tod auf hinter ihm liegendes Sein hin transparent zu machen. Von daher ist es nicht verwunderlich, bereits bei Platon selbst auf Interesse an einer damals überlieferten »Todesnähe-Erfahrung« zu stoßen. Er berichtet von einem scheintoten Mann, der nach dem Wiedererwachen viel von seinen Eindrücken aus dem Jenseits zu erzählen weiß. Auch Plutarch schildert in ähnlicher Weise Sterbe-Visionen als Himmelsreisen. Eine analoge Darbietung, dem altiranischen Propheten Zoroaster in den Mund gelegt, hat man in der gnostischen Nag-Hammadi-Schrift »Zostrianos« (NHC VIII 1) entdeckt.

Im Mittelalter ist daraus bereits eine ganze Literaturgattung geworden. Man denke insbesondere an Dante, der auf der Grundlage von Schilderungen eines scheintot gewesenen Knaben seine »Göttliche Komödie« entworfen hat.[9] Aber man spürt es sämtlichen dieser Schilderungen ab, wie sehr sie nicht nur vom jeweiligen Geist ihrer Epoche, sondern auch von der pädagogischen Absicht dessen, der sie niedergeschrieben hat, geprägt sind. Insofern müssen gelehrte Hinweise auf »eine Fülle von Berichten über Todesnäheerfahrungen aus früheren Zeiten« und dort angeblich anzutreffende »frappierende Parallelen«[10] von vornherein mit Mißtrauen betrachtet werden. In vielen Fällen dürften den berichteten Geschehnissen zwar authentische Sterbe-Erfahrungen zugrundegelegen haben, die ja aufgrund ihrer so häufigen Bezeugung rund um den Erdball – übrigens auch bei Kindern[11] – als ein Phänomen des Menschseins schlechthin zu gelten haben. Aber das Bewußtsein um die religiöse bzw. weltanschauliche Bedeutsamkeit solcher Grenzerfahrungen hat schon frühe Tradenten dazu verführt, den vorgefundenen Gehalt in einen ihrem Ansinnen gemäßen Konzeptrahmen zu transferieren.[12]

Daran hat sich sehr wenig geändert, seit man begonnen hat, sich mit diesen ekstatischen Sondererfahrungen in Todesnähe im Horizont neuzeitlicher Wissenschaft zu befassen. Hans Bender hatte nur allzu recht, als er selbst im Hinblick auf heutige Sterbeforschung feststellte: »Die Interpretation der Jenseitserlebnisse, wie sie die thanatologische Forschung offengelegt hat, geschieht meistens auf der Basis kaum hinterfragter weltanschaulicher Grundpositionen.«[13] Willkürliche oder auch unwillkürliche Auswahl der Berichte sowie die Art ihrer Dokumentation und Interpretation hängen in oft erstaunlicher Penetranz von der subjektiven Sicht der Todesgrenze beim jeweiligen Bearbeiter ab. Reinhart Hummel unterstreicht: »Es liegt teilweise in der Natur solch eines wissenschaftlichen Grenzbereichs, daß diese Grenze verschwimmt und daß der Forscher den ständigen Umgang mit Krankheit, Sterben und Tod nur schwer erträgt, ohne eine eigene, ihn entlastende religiöse Überzeugung zu entwickeln. Das ist aber nicht alles. Der Forscher, der im Namen der Wissenschaft über ein Gebiet spricht, das in die traditionelle Zuständigkeit der Religionen fällt, wird in die Rolle des Künders und Propheten geradezu gedrängt.«[14] Dies gilt es im Blick zu behalten.

Fragt man nach dem Alter der Thanatologie, so stellt man alsbald fest, daß ihre Wurzeln weiter zurückreichen, als vielfach vermutet wird. Erste Anfänge begegnen kaum zufällig um die Mitte des 19. Jahrhunderts, als auch der Spiritismus Breitenwirksamkeit erreichte. Wenn Kenneth Ring sein Buch »Life at Death« von 1980 für die »erste wissenschaftlich fundierte Untersuchung von Nah-Todeserfahrungen« hält[15], so täuscht er sich also gewaltig. Besser informiert zeigt sich Stanislav Grof in seinem Buch »Jenseits des Todes« (1984): »Die erste ernsthafte Studie über Erfahrungen in Todesnähe wurde nicht von einem Psychologen oder Psychiater des 20. Jahrhunderts, sondern von dem prominenten Schweizer Geologen Albert Heim im 19. Jahrhundert durchgeführt. Nach einer mystischen Erfahrung während eines beinahe tödlichen Absturzes in den Alpen begann Heim, sich für die subjektiven Erfahrungen in lebensbedrohenden Situationen oder während des Sterbens zu interessieren.«[16] Der letzte zitierte Satz ist wiederum nicht zutreffend und zeigt daher, wie wenig exakt oft historische Texte wahrgenommen werden. Heim schreibt nämlich 1892, er habe seit mehr als 25 Jahren Materialien für seine Studie gesammelt[17], also etwa seit 1865. Der von Grof gemeinte und von Heim ausführlich geschilderte Absturz ereignete sich aber erst im Jahre 1871. Das Rätsel löst sich, wenn man den Text der Studie genauer liest.

Heim gibt als Motivation für seine Forschungsarbeit seine »eigenen Erlebnisse« an – er spricht also im Plural! Und tatsächlich erwähnt er in seiner Untersuchung den Ansatz eines Todesnähe-Erlebnisses, das er bei einem Unfall bereits als Sechzehnjähriger gehabt hatte; ferner schildert er eines, das ihm zehn Jahre nach seinem Absturz

wiederum bei einem Unfall widerfahren war. Merkwürdig ist immerhin, daß Heim seine Nachforschungen bereits mehrere Jahre vor dem großen, eigentlichen Todesnäheerlebnis begonnen hatte. Insofern ist schon von daher eine gewisse Voreingenommenheit gegenüber dem Gegenstand seiner Untersuchung anzunehmen. Immerhin stützt sich seine Studie auf zahlreiche persönliche Interviews von Menschen, die selbst durch Unfälle verschiedener Art in unmittelbarer Todeshähe gewesen waren, sowie auf mehrere Gespräche mit Ärzten, die viel mit Verunglückten zu tun gehabt hatten. Die Beobachtungen und Vergleiche Heims sind zahlenmäßig und qualitativ beachtenswert. Aber wie bei anderen Autoren fehlt es auch bei ihm nicht an unzulässigen Verallgemeinerungen und Spekulationen. So schreibt er gegen Ende seiner Studie: »Unsere im Gebirge totgestürzten Freunde haben im letzten Momente ihre eigene Vergangenheit in Verklärung geschaut. Sie haben der Ihrigen noch liebend gedacht, sie waren schon erhaben über körperlichen Schmerz, reine, große Gedanken, himmlische Musik, das Gefühl des Friedens und der Versöhnung beherrschte sie, sie fielen in einen blauen und rosigen Himmel hinein so sanft, so weich, so selig – und dann war plötzlich alles still ... Der Tod kann für den Bewußtlosen keine Veränderung mehr bedingen, die absolute Ruhe, das schmerzlose Ausgelöschtsein bleiben unverändert.« Die letzten Sätze zeigen deutlich, wie Heim der Versuchung erliegt, vom wissenschaftlichen Forschen unvermittelt in die Sphäre der Pauschalierung und des weltanschaulichen Behauptens überzugehen.
In dieser und ähnlicher Weise hat Heim in den folgenden Jahrzehnten bis hinein in unsere Gegenwart so manchen Nachfolger gefunden. Ich greife ein Beispiel heraus, das zeitlich etwa in der Mitte zwischen Heim und der Gegenwart liegt, nämlich das dreibändige Werk »Vom Tode und von den Toten«. Verfaßt hat es der dänische Domprobst M. Martensen-Larsen. Zwar betont er auf den ersten Seiten von Band I mit dem Titel »An der Pforte des Todes«: »Unser Wissen reicht nur bis an den Vorhang, was hinter diesem ist, bleibt Gegenstand des Glaubens.«[18] Und seine Dokumentationen und Interpretationen machen durchaus einen recht besonnenen Eindruck. Trotzdem zeigt der Duktus seiner Beispiele, daß der Darstellung die Annahme zugrunde liegt, es mit einem – wie auch der Titel des zweiten Bandes lautet – »Schimmer durch den Vorhang« zu tun

zu haben. Der Verfasser entwertet seine eigenen kritischen Beobachtungen letzlich weniger durch theologische Überlegungen und Spekulationen, die er besonders im dritten Band durchführt, als vielmehr durch den Gesamttitel seines Werkes, mit dem er voraussetzt, »vom Tode und von den Toten« zu handeln. Insofern wird auch hier »Todeswissenschaft« ohne die erforderliche, erkenntnistheoretisch angemessene Bescheidenheit getrieben, die Todesgrenze also bagatellisiert.

Halbiert man die verbliebene Zeitstrecke zwischen Martensen-Larsen und uns Heutigen abermals, so stößt man auf den Psychologen Julius Bahle. Unter dem Titel »Keine Angst vor dem Sterben« hat er sich 1963 »zur Psychologie des angstfreien und schönen Sterbens« geäußert. Seiner originellen, aber nicht unbedingt realistischen Theorie zufolge bewegt sich der Mensch im Sterben dieselben vier Stufen abwärts, die er von der Geburt bis zur Pubertät als Aufbaustufen durchmacht. Wer also auf den Tod zugeht, verliert zunächst das Wertbewußtsein, dann das Ichbewußtsein, schließlich das Bewußtsein und am Ende selbst die Bewußtlosigkeit. Sein empirisches Material bezieht Bahle indirekt über zehn Ordensschwestern, die als Augenzeugen bei insgesamt rund 4200 Sterbefällen verschiedenster Art zugegen gewesen sind. Im Durchschnitt hat jede dieser Schwestern nur einen einzigen Fall erlebt, der im negativen Sinn als Todeskampf aufzufassen wäre – was sehr für die These spricht, daß Sterben in der Regel als »schön« und angenehm empfunden wird. Schließlich bringt Bahle 20 Fälle von Todesnähe-Erfahrung, die ihrerseits die These vom schönen Sterben bekräftigen sollen. Er bescheinigt sich zwar selbst »Vorsicht und Zurückhaltung«, behauptet aber im selben Atemzug, seine ausnahmslos »schönen« Beispiele beruhten nicht auf willkürlicher Auswahl.[19] Das Gegenteil ist ihm nicht nachzuweisen. Wie einseitig jedoch seine Darstellung bleibt, wird deutlich, wenn man bedenkt, daß durchaus auch von modernen Zeitgenossen mitunter schreckliche, höllenartige Todesnäheerlebnisse berichtet werden. Breitenwirksam geworden ist freilich die durch die neuere Sterbeforschung weiter geförderte Perspektive einer Bagatellisierung des Sterbens als eines angenehmen Grenzübergangs.

Die eigentliche »thanatologische Welle« hob gegen Ende der sechziger Jahre in den USA an, um sich von dort aus auf alle Kontinente zu erstrecken. Ungeachtet verschiedener Veröffentlichungen im unmittelbaren Vorfeld des thanatologischen Aufbruchs in Amerika[20] war die Etablierung der Sterbeforschung aufs engste mit dem Namen der amerikanischen Sterbeforscherin Elisabeth Kübler-Ross verbunden. Nachdem sie ihrem Mann aus der Schweiz in die USA gefolgt war und sich dort als Psychiaterin qualifiziert hatte, erregten ihre Seminare über Sterben und Tod seit 1966 gehöriges Aufsehen. Insbesondere der von ihr bevorzugte direkte Kontakt mit Patienten in der Sterbephase löste einerseits mancherlei kollegialen Protest, andererseits höchstes Interesse, ja Begeisterung unter den Teilnehmern ihrer überfüllten Seminare aus. Der namhafte amerikanische Thanatologe Robert Kastenbaum schildert den atmosphärischen Umbruch: »Ich kann Ihnen nicht vermitteln, welchen Eindruck es machte, wenn sie eine sterbende Person vor den Augen des Publikums befragte. Die Zuhörer hielten den Atem an, rissen die Augen weit auf und trauten kaum ihren Augen. Was wirklich zwischen Kübler-Ross und dem Patienten geredet wurde, war weniger wichtig als die Tatsache, daß eine Barriere durchbrochen worden war.«[21] Bald schon hatte sich ihre engagierte Arbeit in weiten Kreisen herumgesprochen; die Presse schaltete sich ein; die Öffentlichkeit war fasziniert. Diese Frau, die es mutig unternommen hatte, das Tabu um Sterben und Tod zu brechen, wurde für zahllose Menschen, darunter Sozialarbeiter, Geistliche und Ärzte, zum Vorbild. Ihr erstes Buch »On Death and Dying« (1969, deutsch: »Interviews mit Sterbenden«) machte sie als Leitfigur der modernen Sterbeforschung weltbekannt. Mit zahlreichen Ehrendoktoraten zollte man ihr schließlich von akademischer Seite her international Hochachtung. Mittlerweile ist die pensionierte Ärztin so berühmt geworden, daß man ihr nicht nur international etliche Fernsehsendungen gewidmet hat, sondern daß ihr Name und ihre einschlägigen Thesen auch schon integraler Bestandteil eines amerikanischen Spielfilms[22] werden konnten, den das erste Programm des deutschen Fernsehens im August 1992 ausstrahlte. Als sie im Herbst 1990 im ehemaligen Ost-Berlin einen Vortrag mit dem bezeichnenden Titel »Leben – Sterben

– Übergang« hielt, war die dortige Marienkirche mit 1300 Menschen überfüllt. Auf die Frage eines Zuhörers, ob sie an ein Leben nach dem Tod glaube, antwortete sie unter starkem Beifall: »Ich *weiß*, daß es ein Leben nach dem Tode gibt!«
Person und Werk von Frau Kübler-Ross veranschaulichen die Implikationen und Tendenzen der sogenannten »Sterbeforschung«. Noch vor dem Erscheinen ihres Erstlingswerkes hatte sich ihr Fragen und Engagement in naheliegender Richtung vertieft: »Ich bin von Natur her ein skeptischer Halbgläubiger, um es noch gelinde auszudrücken. Als solcher interessierte ich mich nicht um die Eventualität eines Lebens nach dem Tod. Doch gewisse Beobachtungen, die sich so häufig wiederholten, ließen mir keine andere Wahl, als mich diesem Problem zuzuwenden. Ich begann mich also damals darüber zu verwundern, warum sich noch niemand des Todesproblems ernstlich angenommen hatte, um es zu erforschen, und zwar nicht aus bestimmten wissenschaftlichen Gründen oder um bei gerichtlichen Prozessen damit dienlich sein zu können, sondern ganz einfach aus natürlicher Neugier.«[23]
Innerlich von daher auf der Suche nach einer umfassenden Definition des Todes, erfuhr sie alsbald durch Krankenschwestern von einer Frau, die schon etliche Male auf der Intensivstation dem Tode nur knapp entronnen war. Erstmals interviewte sie daraufhin nicht eine »Sterbende« (nämlich aufs Sterben eigentlich erst gerade Zugehende), sondern vielmehr einen Menschen, der von womöglich unmittelbarer Todesberührung aus eigener Erfahrung berichten konnte. Jene Frau Schwarz war bereits für 45 Minuten »klinisch tot« gewesen und hatte währenddessen ihren Angaben zufolge den Bemühungen der Wiederbelebungsmannschaft über ihrem physischen Leibe schwebend zugesehen. Die Begegnung mit ihr bewegte und prägte die Sterbeforscherin tief. Aus Todesnähe-Erfahrungen solcher und ähnlicher Art erhoffte sie sich Aufschlüsse hinsichtlich ihrer Frage nach dem Wesen des Todes.
Eineinhalb Jahre danach starb Frau Schwarz endgültig, und Kübler-Ross dachte seit längerem nicht mehr bewußt an sie. Da begegnete ihr diese Frau Monate später während einer psychischen Extremsituation im beruflichen Alltag in Gestalt einer Erscheinung, die ihr Trost und Ermutigung für ihre Arbeit zusprach: »Ihre Arbeit ist noch nicht beendet. Wir werden Ihnen helfen.«[24] Kübler-Ross er-

zählt von ihren anfänglichen Zweifeln an der Erscheinung der Toten, unterstreicht aber schließlich deren Leibhaftigkeit insbesondere durch die Behauptung, auf ihre Bitte hin habe die Erscheinung ein Blatt Papier beschrieben, welches sie seither schön eingerahmt besitze. Ab diesem Zeitpunkt steht sie nach eigenem Bekunden in Kontakt mit Wesen aus dem »Jenseits«, welche ihr Jahre später mitgeteilt haben sollen, ihre Arbeit mit Sterbenden sei nun abgeschlossen, da andere Leute sie jetzt fortsetzen könnten; ihre eigentliche Aufgabe bleibe aber, »den Menschen zu sagen, daß es keinen Tod gibt.« Das tat sie denn auch, und zwar ohne ihre immer spiritualistischer werdende Überzeugung von ihrer Autorität als Wissenschaftlerin zu trennen. Für sie war und blieb das Sterbeerlebnis »eine Geburt in eine andere Existenz, die ganz, ganz einfach bewiesen werden kann.«[25]

Die erwähnte Mitteilung aus der Geisterwelt hatte sie bald nach dem Auftauchen eines anderen Sterns am Himmel der Sterbeforschung erhalten: 1975 nämlich war auf dem amerikanischen Büchermarkt der Beststeller »Life After Life« (deutsch 1977: »Leben nach dem Tod«) von dem jungen Philosophen und Mediziner Raymond A. Moody erschienen. Der hatte sich erst nach Abschluß seiner Arbeit mit der namhaften Sterbeforscherin in Verbindung gesetzt und sie um ein Vorwort für sein Werk gebeten, in welchem sie resümierte: »Wir wissen heute eine Menge über den Vorgang des Sterbens, was aber beim Eintritt des Todes eigentlich geschieht und was unsere Patienten für Erfahrungen machen, wenn sie im klinischen Sinne für tot erklärt werden, darüber haben wir noch kaum Erkenntnisse, dafür umso mehr offene Fragen.«

Während der ersten Jahre der thanatologischen Bewegung hatte Moody für seine Studie Material gesammelt und rund fünfzig Personen bezüglich ihrer Todesnähe-Erfahrungen interviewt. Den Anstoß dazu hatte seine Beobachtung gegeben, daß die Erfahrungsberichte über todesnahe Bewußtseinszustände ganz verschiedener und einander unbekannter Menschen frappante Ähnlichkeiten aufwiesen. Von daher kam er zu dem Plan, in einem Buch die gemeinsamen Elemente einschlägiger Erfahrungsberichte herauszustellen. Er fand etwa ein Dutzend solcher Elemente und verband sie in origineller, freilich nicht unbedenklicher Weise zu einer idealtypischen Todesnähe-Erfahrung, die in der Literatur und in den Massenmedien oft abgedruckt wurde und hier wenigstens gekürzt zitiert sein soll:

»Ein Mensch liegt im Sterben. Während seine körperliche Bedrängnis sich ihrem Höhepunkt nähert, hört er, wie der Arzt ihn für tot erklärt. Mit einemmal nimmt er ein unangenehmes Geräusch wahr, ein durchdringendes Läuten oder Brummen, und zugleich hat er das Gefühl, daß er sich sehr rasch durch einen langen, dunklen Tunnel bewegt. Danach befindet er sich plötzlich außerhalb seines Körpers, jedoch in derselben Umgebung wie zuvor ... Wie er entdeckt, besitzt er immer noch einen ›Körper‹, der sich jedoch sowohl seiner Beschaffenheit als auch seinen Fähigkeiten nach wesentlich von dem physischen Körper, den er zurückgelassen hat, unterscheidet. Bald kommt es zu neuen Ereignissen. Andere Wesen nähern sich dem Sterbenden, um ihn zu begrüßen und ihm zu helfen. Er erblickt die Geistwesen bereits verstorbener Verwandter und Freunde, und ein Liebe und Wärme ausstrahlendes Wesen, wie er es noch nie gesehen hat, ein Lichtwesen, erscheint vor ihm. Dieses Wesen richtet – ohne Worte zu gebrauchen – eine Frage an ihn, die ihn dazu bewegen soll, sein Leben als Ganzes zu bewerten. Es hilft ihm dabei, indem es das Panorama der wichtigsten Stationen seines Lebens in einer blitzschnellen Rückschau an ihm vorüberziehen läßt. Einmal scheint es dem Sterbenden, als ob er sich einer Art Schranke oder Grenze näherte, die offenbar die Scheidelinie zwischen dem irdischen und dem folgenden Leben darstellt. Doch ihm wird klar, daß er zur Erde zurückkehren muß ... Trotz seines inneren Widerstandes – und ohne zu wissen, wie – vereinigt er sich dennoch wieder mit seinem physischen Körper und lebt weiter.«[26]
Zu jedem der genannten Einzelelemente lieferte Moodys Buch Beispiele aus Interviews. Außerdem zeigte es angebliche Parallelen in der Bibel, bei Platon, im Tibetanischen Totenbuch und bei Swedenborg auf. Schnell wurde das Werk gleichsam selbst zum »Totenbuch« für eine säkulare Welt. Es entwickelte sich nicht nur in den USA zum Bestseller, wo es mehr als drei Millionen mal verkauft wurde, sondern wurde in 26 Sprachen übersetzt. Von diesem Sensationserfolg überrascht, schrieb Moody 1977 einen Folgeband mit dem Titel »Reflections On Life After Life« (deutsch 1978: »Nachgedanken über das Leben nach dem Tod«). Darin beschreibt er zusätzlich entdeckte Elemente wie die Visionen von Allwissen und Lichtstädten, kommt auch auf gerichtsähnliche Erfahrungen

und auf unangenehme Erlebnisse bei Selbstmordversuchen zu sprechen, zählt einige weitere Beispiele aus der Geschichte auf und behandelt eigens die unterschiedlichen Reaktionen von Theologen auf sein erstes Buch.

Die von dem Mediziner Moody beigebrachten und etwas eilig kritisierten medizinischen und psychologischen Erklärungsmöglichkeiten bezüglich der geschilderten Phänomene ließen quantitativ wie qualitativ durchaus zu wünschen übrig. Immerhin räumte der Philosoph Moody ein, daß Grenz- bzw. Transzendenz-Erfahrungen in noch so extremer Todesnähe nicht dazu geeignet seien, ein Leben nach dem Tod zu beweisen.[27] Das hinderte ihn aber nicht, in den Titeln seiner Bücher vom »Leben nach dem Leben« zu sprechen und durch die gesamte Art seiner Darstellung zu suggerieren, angesichts der so ähnlichen Berichte von Todesnähe-Erlebnissen bleibe für irgendwelche Zweifel an einem »Leben nach dem Tod« kaum mehr Raum.

Die Meinungen über den wissenschaftlichen Wert von Moodys Studien gehen auseinander, wobei zu beachten ist, daß Moody selbst wiederholt betont hat, seine Arbeit sei »keine streng wissenschaftliche Unternehmung«[28]. Seinen bestenfalls als populärwissenschaftlich einzustufenden Büchern stehen bemerkenswerterweise streng wissenschaftliche Untersuchungen zu Todesnähe-Erfahrungen gegenüber, die bereits einige Jahre zuvor erschienen sind, aber keinerlei vergleichbare populäre Breitenwirkung erzielen konnten.[29] Deren Intention war freilich der Moodys diametral entgegengesetzt: Während sie sich um »diesseitige« Einordnungsmöglichkeiten bemühten, machte Moody aus seiner Überzeugung kein Hehl, daß »das von uns erforschte Phänomen eine Manifestation jenes Lebens«, nämlich des postmortal zu erhoffenden, sei.[30] Insofern war er nicht ganz schuldlos daran, daß der 1992 verstorbene Psychologe Klaus Thomas feststellen mußte: »Seine empirisch bedeutsamen Forschungen werden oft als pseudoreligiöse Offenbarungen verstanden und stiften dann Verwirrung.«[31]

Über ein Jahrzehnt später lieferte Moody noch einen dritten Band zum Thema unter dem Titel »The Light Beyond« (1988, deutsch »Das Licht von drüben«, 1989). Obschon er hier die mittlerweile enorm verbreiterte Thanatologie in ihren wichtigsten Resultaten rekapitulierte und andiskutierte, blieb er bei seiner grundsätzlichen

Überzeugung: »Todesnähe-Erlebnisse faszinieren uns, weil sie den greifbarsten Beweis für eine spirituelle Existenz erbringen, den es überhaupt gibt. Sie sind buchstäblich das Licht am Ende des Tunnels.«[32] Das Wort vom »greifbarsten Beweis« ist freilich relativistisch gemeint: Der Hoffnung auf »genügend schlüssige wissenschaftliche Beweise für ein Leben nach dem Tod« erteilt Moody am Ende seines dritten Bandes eine klare Absage. Für ihn bleibt es nach allen Analysen ein Urteil des »Herzens«, daß Rückkehrer aus Todesnähe für kurze Zeit »mit einer ganz anderen Wirklichkeit in Berührung gekommen sind.« Das klingt bescheiden, verglichen mit Aussagen des nächsten Sterbeforschers, der in Amerika Berühmtheit erlangte: Kenneth Ring.

Kenneth Ring und die »IANDS«

Kurz nachdem Moody seinen zweiten Band veröffentlicht hatte, kamen in seinem Haus in Charlottesville (Virginia) auf Anregung seines Mitarbeiters John Audette junge Wissenschaftler wie Kenneth Ring, Michael Sabom und ein Dutzend anderer Interessierter zusammen, um gemeinsam neue Leitlinien für die zukünftige Erforschung der Todesnähe-Erfahrungen zu erarbeiten. Diesem Treffen im November 1977 entsprang die Idee zur Gründung der »Association for the Scientific Study of Near-Death Phenomena«, deren Zielvorstellungen während einer weiteren Zusammenkunft im August 1978 in einem ersten Absichtspapier festgelegt wurden. Den Bestimmungen zufolge sollte sie den Interessen von Fachleuten und Laien an der wissenschaftlichen Erforschung von Todesnähe-Erfahrungen dienen, also einen breitgefächerten Informationsaustausch fördern, »Workshops« einrichten, speziell auch Personen, die bereits eine oder mehrere Todesnähe-Erfahrungen gehabt hatten, ein gemeinsames Forum bieten und anbei für finanzielle Unterstützung der einschlägigen Forschungsbemühungen sorgen. Seit Mai 1979 gab die Vereinigung ihre eigene, im Abstand von einigen Monaten erscheinende Mitglieder-Zeitschrift »Anabiosis« heraus. Im Dezember 1980 wurde sie erweitert zur »International Association for Near-Death-Studies« (IANDS), die alsbald mehrere hundert Mitglieder nicht nur aus den USA, sondern aus allen Kontinen-

ten zählte. »Anabiosis« wurde nun zum Namen ihres Fach-Journals.
Erster IANDS-Präsident wurde Kenneth Ring, ein an der Universität von Connecticut tätiger Psychologie-Professor. Er hatte, wie bereits erwähnt, 1980 mit seinem Buch »Life at Death« nach seiner eigenen Einschätzung die erste wirklich wissenschaftlich fundierte Untersuchung von Todesnähe-Erfahrungen veröffentlicht, die später in den USA auch in Taschenbuchform erscheinen konnte. Für die Arbeit an seinem zweiten Buch ließ sich Ring einige Zeit von seiner Präsidentschaft entbinden. Es erschien 1984 unter dem Titel »Heading Toward Omega. In Search of the Meaning of the Near-Death Experience« (deutsch 1985: Den Tod erfahren – das Leben gewinnen. Erkenntnisse und Erfahrungen von Menschen, die an der Schwelle zum Tod gestanden und überlebt haben, 1992 als Taschenbuch).
Wie der deutsche Untertitel besagt, reflektiert Ring hier die Frage der Interpretation von Todesnähe-Erfahrungen, wobei er zum Teil gewagte Spekulationen entfaltet. Merkwürdig undifferenziert wertet er die Grenzerlebnisse in Todesnähe als Erfahrungsgut von der Innenseite des Todes. Nun könne man begreifen, was »Tod« wirklich heiße, und den Prozeß des Sterbens in einer »ganzheitlichen Weise« sehen. Das Problem der Tatsache Tod wird bagatellisiert durch die Botschaft, »daß es offensichtlich gar keinen Tod gibt«. Dieser sei folglich nicht mehr zu fürchten, sondern im Gegenteil »als eine Begegnung mit der Liebe zu sehen«. Daraus erhelle ein neues, höheres Bewußtsein, das auch Menschen ohne entsprechende Grenzerfahrung für ihr Leben fruchtbar machen sollten. Der göttliche Funke im menschlichen Geist habe seinen Aufstieg begonnen, weshalb eine globale Katastrophe auf unserem Planeten noch verhindert werden könne.
Derlei Deutungen verdanken sich weitgehend den Vorstellungen der esoterisch-religiösen New Age-Bewegung, zu welcher sich rechtzeitig auch Kübler-Ross in ihrem Vorwort zu Rings Buch bekannt hat. Sollte nun die Denkweise des ersten IANDS-Präsidenten nicht merklich auf die wissenschaftlich motivierte Vereinigung abgefärbt haben? Ihre Fachzeitschrift »Anabiosis« versteht sich zwar als offen für jegliche wissenschaftliche Diskussion. Doch als mit dem Beginn der Präsidentschaft Rings die erste Nummer von »Vital

Signs«, einer inzwischen wieder eingegangenen Zeitschrift für die nicht spezifisch wissenschaftlich interessierte Mitgliedschaft erschien, trug sie bereits ein Emblem, das unverkennbar an das Tai-Gi des Taoismus erinnerte. Der anschließend amtierende Präsident Bruce Greyson versicherte 1982 in »Vital Signs« (2/2) zwar ausdrücklich, die Vereinigung forsche unparteilich und gehe lediglich von der Bedeutsamkeit der Sterbe-Erlebnisse aus. Doch kann man das Wichtignehmen von Grenz- und Transzendenz-Erfahrungen in akuter Todesnähe tatsächlich freihalten von jeglichen Verbindlichkeit erheischenden Tendenzen religiöser oder weltanschaulicher Interpretation? Tatsächlich veröffentlichte »IANDS« 1985 – übrigens nun unter dem eng mit Kübler-Ross verbundenen Präsidenten John B. Alexander – in »Vital Signs« eine neue Absichtserklärung, die mit dem hervorgehobenen Satz schloß, IANDS glaube, daß dort, wo Wissenschaft und spirituelle Traditionen einander so intensiv begegneten, sich das Potential menschlichen Bewußtseins am ehesten realisiere. Hier wurden nicht mehr Neutralität und prinzipielle Offenheit, sondern ein Programm und eine Überzeugung hochgehalten. Um theologische Erörterungen im eigentlichen Sinn bemühte sich »IANDS« so gut wie gar nicht; die Suche nach Deutungsmustern für Todesnähe-Erfahrungen spielte sich insofern dort vor dem Horizont »natürlicher Religiosität« ab[33].

Die Seriosität der fachlichen Diskussion unter den qualifizierten Mitgliedern von IANDS steht dabei außer Zweifel.[34] An dem organisierten wissenschaftlichen Diskurs beteiligen sich – teilweise in der Eigenschaft als Mitherausgeber der Fachzeitschrift »Anabiosis« – namhafte Vertreter der Todesnähe-Forschung aus verschiedenen Ländern. Mit von der Partie sind unter anderem der vorwiegend mit Krebspatienten arbeitende Charles A. Garfield[35] sowie Stanislav Grof, der als Vertreter der Transpersonalen Psychologie mehrere für die Deutung von Todesnähe-Erfahrungen relevante Bücher vorgelegt hat. Auf jeden Fall hat IANDS entscheidend dazu beigetragen, die Todesnähe-Forschung in die Diskussion an amerikanischen Universitäten zu integrieren.

»IANDS«-Mitglieder taten das Ihre, um die Bedeutsamkeit der Sterbe-Erlebnisse nicht allein im universitären Raum, sondern in der breiten Öffentlichkeit hervorzuheben. So berichtete Ring am Eingang seines zuletzt erwähnten Buches: »In buchstäblich Hunderten von Radio-, Fernseh- und Illustrierteninterviews haben in den vergangenen fünf Jahren Männer und Frauen – manchmal kommentiert von Forschern, um den Eindruck von Wissenschaftlichkeit zu erwecken – ihre Sterbeerlebnisse geschildert.« Ring selbst war und blieb natürlich in Funk und Fernsehen ein begehrter Fachmann. Dasselbe gilt für den Arzt Michael Sabom, der seinerseits von der Breitenwirkung der thanatologischen Bewegung zu erzählen weiß: »In Zeitungen und Zeitschriften abgedruckte Berichte über ähnliche ›Jenseitsreisen‹ wurden etwas ganz Alltägliches, die Schlagzeilen der Boulevardzeitungen verkündeten mit schöner Regelmäßigkeit, es gebe endlich ›Beweise‹ für ein Leben nach dem Tod, wöchentlich wurden Barpreise für die besten eingesandten ›außerkörperlichen‹ Erlebnisse ausgesetzt, für Millionen von Dollar wurde ein ›Dokumentarfilm‹ erstellt, der das Sterbeerlebnis in Science-fiction-Manier aufbereitete, und es erschienen Dutzende von Büchern, deren Autoren sich das lukrative Geschäft mit der Sensation nicht entgehen lassen wollten«[36].

Wenn die allgemein bekannt gewordenen Erlebnisberichte Reanimierter bereits in sich die Frage nach transzendenten bzw. religiösen Hintergründen des Phänomens bargen, so trugen Massenmedien, Pseudowissenschaftler und Okkultisten dazu bei, die weltanschauliche Brisanz des Materials zu verdeutlichen. Langsam wurden Theologie und Kirchen hellhörig. Insbesondere die Problematik des Verhältnisses von Sterbe-Visionen zu biblischen Hoffnungsaussagen wurde nun in den Blick genommen. Und hier sahen sich namentlich fundamentalistische Biblizisten herausgefordert.

Kübler-Ross hatte bereits im Vorwort zu Moodys erstem Buch (1975) auf zu erwartende theologische Kritik hingewiesen. Moody berichtete dann in seinem zweiten Band (»Nachgedanken«) über unterschiedliche Reaktionen von Pastoren auf das im ersten Band dargelegte Material. Es gab neben sozialkritisch motivierten, gegen jegliche Vertröstung auf ein schöneres Jenseits gerichteten Äußerungen durchaus auch positive, ja bisweilen begeisterte Rezeption durch Pastoren und Gemeinden. Ein Teil der Pfarrerschaft verhielt sich so, als habe das vorgelegte Material keine theologische, sondern lediglich medizinische Relevanz, wogegen Moody zurecht einwendet: »Dies steht im Widerspruch zu der Tatsache, daß die Menschen, die solche Erfahrungen hinter sich haben, sie in erster Linie auf ihren religiösen Glauben und auf ihre moralischen Wertvorstellungen beziehen und viel weniger auf ihren Gesundheitszustand im medizinischen Sinne.« Massive theologische Kritik aber kam, wie Moody selber feststellte, aus den Reihen biblizistisch denkender Kreise. Weil sie in den geschilderten Berichten von einem zuinnerst schönen Tod und von angenehmster Transzendenz-Erfahrung die biblischen Vorstellungen von Gericht, Hölle und Auferstehung vermißten, schrieben sie die Herkunft der als relevantes Phänomen nicht geleugneten Todesnähe-Erlebnisse am liebsten dämonischer Einwirkung zu.

Tatsächlich brachten die erstarkende Todesnähe-Forschung und die enorme Popularität ihrer Thematik viele überzeugte Christen hinsichtlich ihrer bibelorientierten Hoffnung in nicht geringe Verlegenheit. Umso sensationeller wirkte 1978 das in New York publizierte Buch des Kardiologen Maurice Rawlings »Behind Death's Door«. Einer seiner Patienten hatte während Wiederbelebungsversuchen unmittelbar von regelrechten Höllenvisionen gesprochen, konnte sich aber Tage später nur noch an ein wunderschönes Transzendenz-Erlebnis in Analogie zu den bekannten Sterbeerfahrungen erinnern. Diese Beobachtungen wurden für Rawlings zum Schlüsselerlebnis.

In seinem Buch vertritt er die These, daß bei etwa der Hälfte aller Todesnähe-Erfahrungen auch negative, höllenartige Visionen im Spiel seien, die aber vom Patienten im Gegensatz zu den häufig noch ebenso erlebten positiven Visionen verdrängt würden. Er kritisiert die nur »schönen« Berichte bei Kübler-Ross und Moody methodisch und inhaltlich. Vor allem aber sieht er sein Material und seine These in Einklang mit jenen Bibelstellen, die von einem doppelten Ausgang am Jüngsten Tag sprechen. Im übrigen weist er mit 2. Kor. 11,14 darauf hin, daß Satan als Engel des Lichts erscheinen könne; doch gern berichtet er auch von Jesus-Visionen in Todesnähe und schließt sein Buch mit missionarischen Tönen.

Bereits ein Jahr zuvor hatten John Weldon und Zola Levitt in ihrem Buch »Is There Life After Death?« einer solchen Perspektive mit biblizistischer Argumentation vorgearbeitet. Das Leben nach dem Tod ist ihrer These zufolge entweder himmlisch oder höllisch, und die Berichte von Todesnähe-Erfahrungen, die »biblischer« Sicht nicht entsprechen, sind demnach von Satan inspirierte Illusionen. Analog äußerte sich 1978 der Psychiater Philipp J. Swihart in dem Büchlein »The Edge of Death« (deutsch 1979: »Der Tod – wirklich anders?«). Hinter Moodys bedingungslos liebendem »Lichtwesen« verberge sich Luzifer, sofern die Erscheinung sich nicht »absolut« mit der biblischen Offenbarung decke. Tim LaHaye vertrat 1981 in »Life in the Afterlife« gar die Ansicht, *alle* Todesnähe-Erfahrungen seien von Dämonen herbeigeführt mit dem Zweck, die Bibel in Mißkredit zu bringen. Wo aber nicht so radikal geurteilt wurde, dort blieb immerhin Raum für die fromme Darstellung solcher Erfahrungen in Todesnähe, die ungefähr im Einklang mit biblizistischen Erwartungen zu stehen schienen. Zu erwähnen wären hier etwa die bereits 1977 in Amerika erschienenen Bücher von Betty Malz und Ralph Wilkerson[37].

Ebenso problematisch wie dieser Umgang mit dem Phänomen durch einen christlichen Fundamentalismus war freilich auch der durch Vertreter esoterischer Weltanschauungen, namentlich im Kontext der Rede vom »Wassermannzeitalter«. Offenbarungsspiritisten und Mystiker aller Schattierungen suchten die thanatologische Forschung zugunsten ihres monistischen Paradigmas einzuspannen – nicht ohne Erfolg, wie die Beispiele von Kübler-Ross, Ring, Grof[38] und anderen zeigten. Das Hoffnungspotential der »thanatologischen Welle« ist leicht zu mißbrauchen. Im Horizont der »sanften Verschwörung« (M. Ferguson) bereiten sich gern auch esoterisch gestimmte Christen auf einen »sanften Tod vor« und erwarten »einen entspannten Übergang in einen anderen Bereich, ein anderes durchscheinendes und göttliches Reich. Wenn der Tod keine Herrschaft mehr über uns hat, dann sind wir bereit dafür, den Himmel auf dieser Erde ausbrechen zu lassen.«[39] Man wird damit rechnen müssen, daß solch enthusiastisch-spielerische Bagatellisierungen der Todeswirklichkeit im Raum von Theologie und Kirche ebenso anhaltend präsent bleiben werden wie die fundamentalistischen Remythologisierungen.

Daß selbst aus der Religionswissenschaft nicht unbedingt klärende Beiträge zu den geschilderten Streitfragen zu erwarten sind, zeigt der unter dem Titel »Nah-Todeserlebnisse und Jenseitsvisionen« (deutsch 1993) erschienene Band der amerikanischen Religionswissenschaftlerin Carol Zaleski. Zwar sind ihre Kenntnisse des historischen und aktuellen Materials ebenso beeindruckend wie das Niveau ihrer vergleichenden Interpretation. Umso mehr enttäuscht aber der Umstand, daß auch sie dem neueren Trend der Wahrnehmung eines nur »schönen« Sterbens insofern erliegt, als sie wiederholt behauptet, die modernen Todesnähe-Visionen würden sich – im Unterschied zu den mittelalterlichen – »nur dem tröstenden Aspekt des ›guten‹ Todes zuwenden.«[40] Das ist jedoch eine grobe Pauschalisierung, die einer differenzierten Analyse der heute vorliegenden Materialsammlungen keineswegs gerecht wird.

Die »thanatologische Welle« in Deutschland

In der Erforschung von Erfahrungsberichten aus unmittelbarer Todesnähe war und blieb Amerika allen anderen Ländern deutlich voraus. Die internationale thanatologische Welle verdankt ihren Aufschwung zu einem beachtlichen Teil der Wirkung von einschlägiger Literatur, die aus dem Amerikanischen übersetzt worden ist. Zum Teil sind freilich in manchen Ländern vor allem Europas auch eigene Initiativen ergriffen worden.

So entstand in der Schweiz der »European Research and Information Center About Life After Life« mit Sitz in Genf und mit im Namen bereits erkennbarer Tendenz. In Österreich legte Emmanuel Xipolitas-Kennedy eine psychologische Dissertation vor mit dem Titel »Archetypische Erfahrungen in der Nähe des Todes. Ein Vergleich zwischen ›Todeserlebnissen‹ und ›Todesträumen‹« (Innsbruck 1980). In Italien faßte die Journalistin P. Giovetti ihre Untersuchungen über Todesnähe-Erfahrungen in dem Buch »Qualcuno e tornato« (Armenia 1981) zusammen. In Schweden veröffentlichten J. Pilotti und K. Wistrand den Band »Consciousness and Death: A Book of Readings on Near-Death Phenomena and Out-of-Body Experiences« (Stockholm 1982). In England erschien die Studie »Return from Death. An Exploration of the Near-Death Experience« (London 1985) von Margot Grey, die übrigens die britische Sektion von »IANDS« gründete. So ließe sich fortfahren; die Menge der weltweit erarbeiteten Einzelstudien ist kaum mehr zu überblikken.

In der Bundesrepublik Deutschland verdankt sich die Öffentlichkeitswirksamkeit der internationalen Todesnähe-Forschung und ihrer Darstellungen besonders den Aktivitäten des mittlerweile verstorbenen evangelischen Theologen Johann Christoph Hampe, der seine diesbezügliche Vortragstätigkeit 1975 in eine Publikation mit dem einschlägigen Titel »Sterben ist doch ganz anders. Erfahrungen mit dem eigenen Tod« münden ließ. Dieses Buch erlebte zahlreiche Auflagen und wurde auch für amerikanische Leser übersetzt. Die Bedeutung der anhebenden »thanatologischen Welle« für die religiöse Hoffnungsfrage war in der Bundesrepublik Deutschland allein schon daran erkennbar, daß damals nicht nur Hampes Titel, sondern auch die Bücher der Kübler-Ross sowie das Büchlein des Psychiaters Eckart Wiesenhütter »Blick nach drüben« alle in theologischen Verlagen erschienen sind. Zur rechten Zeit wurde zudem das bereits 1964 in zwei Bänden publizierte Werk des Pfarrers Fritz Rienecker »Das Schönste kommt noch. Vom Leben nach dem Sterben« in einer einbändigen »Sonderausgabe« (Wuppertal 1974) auf den Markt geworfen.

Theologische Ausführungen zu den Fragen der Todesnähe-Forschung boten in den Jahren darauf auch Einzelabschnitte verschiedener Bücher von katholischen und evangelischen Theologen[41], ohne daß allerdings von einer gründlichen Aufarbeitung der Thematik die Rede sein konnte. Diese steht noch heute aus. Lediglich einige Titel aus der fundamentalistisch ausgerichteten Todesnähe-Literatur Amerikas wurden ins Deutsche übersetzt und hier zum Teil mehrfach aufgelegt. Außerdem publizierte Willem Cornelis van Dam mit seinem evangelikal geprägten Buch »Tote sterben nicht« eine kleine Fachstudie, die zu der Ansicht kommt: »Zu unserer Überraschung stimmen aber die untersuchten Erfahrungen immer wieder mit der biblischen Botschaft überein.«[42] Die biblische Botschaft kenne freilich »noch eine viel größere Perspektive auf eine noch reichere Zukunft hin«, als sie sich in diesen Erfahrungen ankündige. Doch nimmt van Dam keine wirklich gründlich zu nennende Untersuchung vor und ignoriert wichtige medizinische Erklärungsmöglichkeiten der betreffenden Grenz-Erfahrungen. Im wesentlichen blieb die deutsche Öffentlichkeit also ohne kompetente theologische Beiträge zur Sterbeforschung. Kein Wunder, daß esoterische Strömungen sich der Thematik umso erfolgreicher annahmen!

Als im Sommer 1977 Moodys »Leben nach dem Tod« auf den bundesdeutschen Markt kam, wurde das Buch hier wie schon in Amerika zum Best- und Longseller. Bereits während der ersten acht Wochen wurden 80000 Exemplare verkauft, nach zwei Jahren waren es 250000. Ununterbrochen lag es seither in den großen Buchhandlungen auf; 1991 erschien es endlich als sehr preiswertes Taschenbuch. Als werbewirksam erwies sich dabei von Anfang an das vor den Verfassernamen gestellte »Dr. med.« (dabei hatte Moody bei Erscheinen der amerikanischen Originalausgabe noch nicht einmal sein Medizin-Studium abgeschlossen) sowie die auf der Titelseite erscheinende unzutreffende Behauptung: »150 Menschen, die einmal im medizinischen Sinne gestorben waren und doch überlebt haben, berichten ...« Tatsächlich hatte Moody aber nach eigenen Angaben nur 50 Personen eingehend interviewt, von denen wiederum nur ein Teil »klinisch tot« gewesen war. Der 1978 in Deutschland erschienene Folgeband (»Nachgedanken«), in dem sich Moody auf weit mehr Interviews und Literatur stützen konnte, befand sich immerhin auch kurzzeitig auf den Bestsellerlisten und erzielte insgesamt zwar weniger große, aber doch beachtliche Verkaufserfolge.

Man interessierte sich nun hierzulande nachhaltig für die Aussagen von Ärzten und Psychiatern zu den Berichten von Todesnähe-Erlebnissen. So blieb nicht nur Eckart Wiesenhütters Taschenbuch über Jahre hinweg ein Verkaufsschlager; auch das Buch des Arztes Wladimir Lindenberg »Über die Schwelle« konnte 1978 in dritter Auflage erscheinen. Ebenso fanden die abwägenden ärztlichen Kommentare von Paul Becker, Jörg Wunderli und Klaus Thomas eine große Leserschaft.[43] Ein »medizinisch-biblisches Zeugnis von Dr. med. Hartmut Maier-Gerber« unter dem Titel »Sterben – der Höhepunkt des Lebens« (Wuppertal 1983) erreichte bereits im Erscheinungsjahr drei Auflagen. Die wissenschaftlichen Studien der IANDS-Mitglieder Sabom und Ring sorgten auch hierzulande für anhaltendes Interesse an der Todesnähe-Forschung. Besonders erfolgreich verkaufte sich Kübler-Ross' Büchlein »Über den Tod und das Leben danach«, das ein spiritistisch orientierter Verlag in hohen Auflagen in die esoterischen Regale der Buchhandlungen lieferte. Als esoterisches Taschenbuch ist mittlerweile auch der Band der Parapsychologen Karlis Osis und Erlendur Haraldsson »Der Tod – ein neuer Anfang« (deutsch erstmals 1978) zu haben: Er gibt vor, aufgrund von Computer-Analysen einen ersten wissenschaftlichen Beitrag zur Erforschung von Sterbebett-Erfahrungen zu liefern. Die bereits erwähnte, 1993 in deutscher Übersetzung erschienene Studie von Carol Zaleski beweist, daß die Thematik hierzulande nach wie vor aktuell ist.

Natürlich stehen neben populär- und halbwissenschaftlichen Publikationen ausgesprochen pseudowissenschaftliche Bücher und solche, die allenfalls journalistischen Wert besitzen. Bisweilen werden dann Todesnähe-Erfahrungen auf eine Ebene mit spiritistischen oder reinkarnatorischen Trance-Erlebnissen gestellt und mit ihnen vermischt.[44] Man darf die Verwirrung und Desorientierung nicht unterschätzen, die solche Literatur in breiten Leserschichten zu erzeugen vermag. Vergleichsweise seriös wirkt daneben das von dem Bergsteiger Reinhold Messner zusammengestellte Buch »Grenzbereich Todeszone« (Köln 1978), in dem er einschlägige Berichte von Bergsteiger-Kollegen vorführt. Der Architekt Stefan von Jankovich schließlich hat sein eigenes Todesnähe-Erlebnis 1984 in einem theosophischen Verlag unter dem Titel »Ich war klinisch tot. Der Tod: mein schönstes Erlebnis« publiziert, nachdem er es mit missionarischem Eifer in zahlreichen Zeitschriften und Illustrierten hatte darstellen lassen. Karl-Fritz Daiber unterstreicht mit Recht »die Tatsache, daß derartige Publikationen offensichtlich ihren Markt haben, daß demnach also in unserer Gesellschaft das Bedürfnis besteht, neu über den Tod, die Zukunft nach dem Tod ... nachzudenken. Es scheint so, als ob dabei elementare Bedürfnisse im Spiel wären, das Bedürfnis nach Selbstvergewisserung, ...das elementare Problem der eigenen Identität. Trotz der beträchtlichen Auflagen dieser Publikationen sind die möglichen Leser Minderheiten in unserer Gesellschaft. Aber vermutlich signalisieren sie Unsicherheiten, die weit über den Kreis derer hinausgehen, die grenzwissenschaftlich sich mit Fragen des Todes und der Zukunft nach dem Tode beschäftigen.«[45]

Sofern Bücher noch nicht wirklich die »Massen« erreichen, gelingt dies jedenfalls den Illustrierten und Zeitschriften und insbesondere Funk und Fernsehen. Schon seit den siebziger Jahren war die Thematik der »Sterbeerlebnisse« in den deutschen Massenmedien spürbar präsent. Gern übertrug man Podiumsdiskussionen, in denen Ärzte, Psychologen, Parapsychologen, Theologen, Buchautoren und Reanimierte sich über die Frage der Interpretation der betreffenden Grenzerfahrungen unterhielten. Sogar in den Journalen von Tageszeitungen nahm man sich der Thematik an. Von Moodys Büchern erschienen sogleich Auszüge in »Das Beste aus Reader's Digest« und in »Hör zu«; und in der Regel wurden in den zahllosen Besprechungen die unrichtigen Angaben der Titelseite unkritisch wiedergegeben: »Es sind Erfahrungen von 150 Menschen gesammelt, die einmal klinisch tot waren« (so etwa »Die Zeit« vom 7. 10. 1977). Von und über Kübler-Ross konnte man natürlich auch in den Massenmedien lesen und hören.[46] Von Jankovich gelang es unter anderem, sein Scheintoderlebnis sogar in der »ADAC motorwelt« (Nr. 7, 1977) zu plazieren und dort eine Diskussion im Leserforum auszulösen. Der »Spiegel« machte »Das schöne Sterben« zum Titelreport, um freilich der thanatologischen Welle kritisch zu begegnen.[47] Unkritisch, ja unsachlich fielen zahlreiche Artikel und Serien in diversen Illustrierten und Wochenblättern aus. Beispielsweise hieß es in der Reihe »Der Tod ist nur ein Zwischenspiel« der Zeitschrift »7-Tage« Ende 1979: »Die Thanatologie beweist uns heute: Das Leben nach dem Tod existiert ohne jeden Zweifel.« Natürlich ließen sich auch die Boulevardzeitungen entsprechenden Stoff nicht entgehen. Hatte die Bild-Zeitung schon das Erscheinen von Moodys »Leben nach dem Tod« mit passenden Reportagen begleitet, so druckte sie im April 1982 über mehr als zwei Wochen hinweg in der Serie »Ich war tot – und lebe wieder« eine ganze Reihe von Erlebnisberichten Reanimierter ab. Vier Monate später schrieb der damalige Herausgeber Axel Springer in »Bild«, Kübler-Ross habe »mit naturwissenschaftlichen Erkenntnissen den Tod nur als einen Abschied von dieser Welt und als einen Übergang in ein anderes Leben bewiesen.« Die Bibel spreche von Gericht und von Vergebung für den reuigen Sünder, indes – »ein zu Güte und Weisheit gereifter Mensch findet auch von sich aus den Weg.«[48] Am 23. Oktober 1992 lautete eine Schlagzeile der Bild-Zeitung (Stuttgart): »Ich war 18 Minuten tot – es war schön«. Der Bericht bezog sich auf die live ausgestrahlte

Schilderung eines Nahtodes-Erlebnisses durch eine Mutter im RTL-Frühstücksfernsehen. Nur wenige Wochen vorher hatte die neue Zeitschrift »Astro-Woche« vom 20. August 1992 auf ihrem Titelblatt unter dem Stichwort »Tod« formuliert: »Die überflüssige Angst – Sterbende freuen sich auf das Jenseits«! Der betreffende Artikel behauptet: »Jetzt haben Wissenschaftler nachgewiesen, daß es nach unserem Tode weitergeht. Und zwar so wunderbar, wie wir es auf Erden nie erlebt haben.«

Was beweisen die Erfahrungen an der Grenze des Todes?

Tatsache ist indessen, daß die Sterbeforschung – ungeachtet der pseudowissenschaftlichen Ansprüche einiger ihrer Vertreter – weit entfernt davon ist, ein Leben jenseits des Todes objektiv beweisen zu können. Das hat, wie bereits dargelegt, kein Geringerer als Raymond Moody am Ende seines dritten Bandes zur Sterbeforschung deutlich formuliert. Was die Sondererfahrungen an der Grenze des Todes allerdings beweisen, ist das Bedürfnis des an dieser Grenze Ankommenden, seine Identität über sie hinaus zu entwerfen, sowie das Bedürfnis zahlloser Menschen, sich anhand der Erfahrungsberichte von »Wiedergekommenen« der Durchlässigkeit dieser Grenze zu vergewissern.
Der spirituelle Erfahrungshunger unserer Tage übersieht dabei gern, daß sich »Erfahrung« grundsätzlich, und zwar bereits im Gehirn des Wahrnehmenden, aus zwei Kategorien konstituiert: aus dem Erlebnis und seiner (gleichzeitigen) Deutung.[49] Daher besteht jede Erfahrung mindestens zu einem Teil aus subjektiven bzw. intersubjektiven Elementen. Somit kann sie nicht objektiv als beweiskräftig gelten, wohl aber subjektiv Gewißheit erzeugen. Wem es um seiner identitätsstabilisierenden Gewißheit willen wirklich um Wahrheit zu tun ist, der wird allerdings aus den genannten Gründen seine Sicht dialogisch in die Auseinandersetzung mit anderslautenden Deutungen hineingeben – und dabei auch die vorliegenden medizinischen und psychologischen Thesen zur Erhellung der faszinierenden Phänomene nicht ignorieren. Namentlich die Theorie einer blitzschnellen Ausschüttung körpereigener, morphium-ähnlicher Stoffe (»Endorphine«)[50] in Schock- oder Krisensituationen

verdient hier Beachtung, ohne wiederum einen Anspruch auf Geltung als monokausale Erklärung erheben zu dürfen.
Selbst eine Zusammenschau vieler Todesnähe-Erfahungen ergibt kein beweiskräftiges Bild für ein Jenseits des Todes. Im Gegenteil: Gerade interkulturelle Vergleiche haben zur Genüge verdeutlichen können, daß »die Visionäre unserer Zeit ebenso kulturellen Einflüssen unterliegen wie die Visionäre weniger pluralistischer Epochen«, ja daß die Todesnähe- und Sterbebett-Vision »durch und durch das Werk der gesellschaftlich geprägten, religiösen Vorstellung ist«[51]. Was bleibt, ist »lediglich der imaginative und symbolische Charakter der Jenseitsvisionen.«
Symbole pflegen allerdings an der Realität, die sie darstellen, zu partizipieren. Die Frage, ob sich in den von der Sterbeforschung dokumentierten Grenzerfahrungen nicht doch echte Transzendenz in einer für unsere Begriffe unzugänglichen Wirklichkeit anmeldet, muß erkenntnistheoretisch offen bleiben. Festzuhalten ist: Der Tod erweist sich nach wie vor als Grenze des Wissens. Selbst wenn man die Visionsberichte aus unmittelbarer Todesnähe einfach für sich sprechen lassen möchte, so geht doch oft aus ihnen selbst hervor, daß die Berichterstatter noch nicht »ganz« tot waren: Symbolische Bilder einer letzten Grenze pflegen da aufzutauchen, etwa ein Fluß oder ein verschlossenes Tor, und es heißt: Bis hierher und nicht weiter, sonst gibt es keine Rückkehr mehr! Die eigentliche nachtodliche Wirklichkeit bleibt verborgen.
Grenzen dienen freilich nicht nur der Unterbrechung und Abschottung, sondern sind unter Umständen auch dazu da, überschritten zu werden. So sehr der Tod eine nicht zu bagatellisierende Grenze für die empirische Erforschung seiner transzendenten Seite bleibt, so wenig bildet er eine Grenze für die Hoffnung des Menschen. Diese geistige Grenzenlosigkeit möglichen Transzendierens läßt allerdings nach festem Anhalt, nach klarer Orientierung fragen, um nicht ins Bodenlose der bloßen Phantasie, der närrischen Illusion oder der rauschhaften Halluzination zu stürzen. Darum braucht Hoffnung die Reflexion über sich selbst, über ihre Veranlassung, ihre Verantwortbarkeit. Es muß Philosophien und Theologien des Todes und der Hoffnung geben. Und sie müssen miteinander streiten dürfen: »Denn wie kann man erhoffen, was man schon sieht?« (Röm. 8,24). Auch angesichts der Sterbeforschung bleibt es dabei:

»Noch ist nicht erschienen, was wir sein werden« (1. Joh. 3,2). Christliche Hoffnung aber – das zeigt die Fortsetzung dieses Bibelwortes – richtet sich weniger auf das »Was« des Jenseitigen als vielmehr auf den in Jesus Christus diesseitig gewordenen Gott: »Denn wir werden ihn sehen, wie er ist.«

V. Auferstehung: Der besiegte Tod

Die weltberühmte Sterbeforscherin Elisabeth Kübler-Ross weiß differenzierend zu betonen, daß es sich bei den von ihr studierten ekstatisch-visionären Todesnähe-Erfahrungen »nicht um die Auferstehung handelt, wie sie im Christentum gelehrt wird. Der Körper, den wir während einer Nahtodeserfahrung bewohnen, ist eine zeitliche Erscheinungsform, geschaffen aus psychischer Energie ...«[1] Ebenso ist sich der Naturwissenschaftler Werner Schiebeler, der als engagierter Anhänger der spiritistischen Hypothese hervorgetreten ist, durchaus darüber im klaren: »Fortleben nach dem irdischen Tode und Unsterblichkeit sind ja zwei verschiedene Dinge.«[2]

Was also Okkultisten, Spiritisten, Parapsychologen und Sterbeforscher bestenfalls in den Blick bekommen, wenn sie die andere Seite des Todes betrachten zu können glauben, das ist noch nicht das wirklich Jenseitige und gewiß nicht die Ewigkeit. Der Astralleib, den sie als real ansehen, garantiert mitnichten die Unsterblichkeit. Und sind nicht die Welten, die sie zu betreten meinen, Spiegelungen eines Bewußtseins, das sich, ob hüben oder drüben, noch keineswegs als erlöst bezeichnen kann? Derlei Reflexionen hat bereits das Tibetanische Totenbuch zu bieten. Die andere Seite des Todes – und damit der Tod selber – ist eben doch geheimnisvoller, als es vielerlei Bagatellisierungsversuche glauben (machen) wollen.

Im Grunde erweisen sich all die individuellen und gesellschaftlichen Tabuisierungs- und Bagatellisierungs-Strategien als ein Ausweichen vor dem Problem des Todes, das ja solange ungelöst bleibt, wie der Tod selbst nicht universal bewältigt ist. Die Illusion, daß es in der Hand der Menschen bzw. der fortschrittlichen Wissenschaft liegen könnte, den Tod aus der Welt zu schaffen[3], gehört mit zu den Angstbewältigungs-Drogen unseres Zeitalters. Ungeachtet solcher Vorstellungen treibt der heutige Zeitgeist die Bagatellisierung des Todes indirekt weiter voran. Die in der »Erlebnisgesellschaft« (Gerhard Schulze) zu diagnostizierende »Gegenwartsschrumpfung« (Hermann Lübbe)[4] als spürbares Schwinden der Zeiträume, in denen man in zentralen Lebensbereichen weithin noch mit unveränderlichen Größen rechnen könnte, hängt nicht nur mit einer »Vergangenheitsschrumpfung« im Sinne beklagenswerter Traditionsabbrüche zusammen, sondern auch mit einer bemerkenswerten »Zukunftsschrumpfung«: Der Wechsel der Gegenwartsszenerie wird schneller, wodurch sich der klare Blick nach vorne trübt. Angesichts fortwährender Reizüberflutung konzentrieren sich die Aussichten aufs Kürzerfristige. Der Tod wird durch das mit der »Gegenwartsschrumpfung« sich verstärkende Bewußtsein des Vergänglichen in sublimer Weise präsenter als bisher, gleichzeitig aber rückt er in größere Ferne, wird reduziert zum Bagatell-Ereignis einer wiederum kurzen, hoffentlich noch fernen Gegenwartsszenerie. Außerdem geht mit der »Gegenwartsschrumpfung« überhaupt ein Verlust des Bewußtseins von geschichtlicher Existenz einher. Hellsichtig nimmt der Philosoph Peter Sloterdijk die Heraufkunft einer »nachgeschichtlichen« Ära wahr: »Man fühlt sich nicht mehr wohl in der geschichtlichen Haut, seit sich Geschichte zunehmend als das herausstellt, womit es ›am Ende‹ schief gehen muß.«[5]

Auf diese Weise aber blendet der Zeitgeist zunehmend auch alles heilsgeschichtliche Denken aus. Sowohl das Ostergeschehen in Jerusalem als auch die universale Auferstehungshoffnung geraten immer mehr ins Abseits, zählen kaum noch zum Bereich aktuell möglicher Orientierungen. Dabei bietet sich allein in dieser christlichen Botschaft jene Perspektive an, die eine universale Beseitigung des Todes glaub-würdig formuliert: als Tat Gottes, die in der Auferweckung des Gekreuzigten ihren Anfang genommen hat und in der Erlösung der gesamten Schöpfung ihr Ziel finden wird. Nur wenn Gottes Sieg über den Tod und damit das »Sein zum Leben« heutzutage in neuer Intensität zur Sprache gebracht wird, können die herrschenden Strategien der Pseudo-Todesbewältigung erfrischend hinterfragt und wieder für mehr Menschen überflüssig werden.

Der Tod als letzter Feind

Die biblische Rede von der Auferstehung ist keine mythologische, sondern eine theologische. Sie will keine Aussage von der Natur des Menschen und auch keine von der Natur der Welt und ihrer Zeitalter oder Dimensionen sein, sondern Rede von Gottes Heilshandeln an seinem zu Tode gebrachten Sohn und – zum Ende der Geschichte dieser vergehenden Welt – an allen Menschen, ja an seiner Schöpfung schlechthin. Ursprünglich ist das Symbol der »Auferstehung« durchaus ein mythisches gewesen, am »Stirb und werde!« der Naturvorgänge orientiert. Christlicher Glaube hat es aber gesprengt: Er erwartet nicht mehr nur vorläufige Siege über den Tod, die zyklisch wieder zunichte gemacht werden. Der auferstandene Christus hat den Tod endgültig hinter sich gelassen, und unser aller Auferstehung soll ebenso eine zum ewigen Leben sein.

Im Kontext christlichen Glaubens hat sich die Wahrnehmung der Todeswirklichkeit verschärfen können. Das archaische Todesbewußtsein war ein vergleichsweise träumendes, das mit dem möglichen Modell einer zyklischen »Auferstehung« den Tod selber bagatellisierte, indem es ihn zum Bestandteil eines annähernd rhythmischen Wechselspiels machte. Die Botschaft von der endgültigen Auferstehung hingegen nimmt den Tod wesentlich ernster. Indem der echte Sieg über den Tod verkündet wird, eröffnet sich die Möglichkeit, diesem mutiger als bis dahin ins Angesicht zu blicken, ihn realistischer zu betrachten. Und indem den Menschen in ihrer kreatürlichen Individualität ewiges Leben in Aussicht gestellt wird, können sie sich auch als Personen ernster nehmen. Nicht der existentialistische Vorlauf zum Tod ist es, der ihnen Ganzheitlichkeit ermöglicht, sondern der im Glauben zu antizipierende Sieg über den Tod schenkt ihnen eine neue Identität.

Den Tod ernst zu nehmen, ist die Frucht einer radikalen Bejahung des Lebens. Wo von der »Fülle des Lebens« als wahrem, ewigem Leben (Joh. 10,10) die Rede ist, dort kann der Tod nicht bloß als Naturfaktor verniedlicht, da muß er vielmehr als Störfaktor, als Feind angesehen werden. Die Kriegsherren und Massenideologen sind es, die an der Bagatellisierung oder spielerischen Verharmlosung des Todes ein Interesse haben. Der Auferstehungsglaube aber nimmt den Tod des Menschen, nimmt den Menschen radikal ernst – im Sinne ernster, tiefer Freude, weil er davon ausgehen darf, daß dem Leben, dem konkret-kreatürlichen, der Sieg geschenkt wird.

Der Ernst der Auferstehungsgläubigen hängt damit zusammen, daß sie die Realität der Noch-Herrschaft des Todes nicht enthusiastisch verkennen. Ihre frohe Gewißheit gründet im Perfekt der Auferstehung Jesu, das die Erwartung des universalen Sieges über den Tod stützt. Aber ihnen ist klar, daß der Feind mit Gewalt regiert und regieren wird: Paulus hat vom Tod als dem letzten Feind gesprochen, den Gott vernichten wird (1. Kor. 15,26). Christen machen sich darum nichts vor. Wer könnte realistischer sein als sie, die sie eine wahrhaft dialektische Beziehung zum Tode haben?

Sie wissen um die Auferstehung in der Vergangenheit: Ostern. Sie erwarten die Auferstehung der Toten in der Zukunft: am Jüngsten Tag. Und im Schnittpunkt der Gegenwart leben sie die Auferstehung im dem heiligen Bewußtsein, inmitten der Vergänglichkeitsstrukturen dieser Welt Bürger der neuen, unvergänglichen Welt Gottes zu sein. Durch den Geist Christi in ihnen hat für sie die Zukunft schon begonnen. Bittere Erfahrungen der Abwesenheit Gottes stehen für sie in keinem unversöhnlichen Widerspruch zu der Erfahrung seiner noch verborgenen Gegenwart. Sie wissen ja um die Identität des Auferstandenen mit dem Gekreuzigten; und ihnen ist die Dynamik nicht fremd, die von daher alle Tode angeht, die körperlichen, die seelischen und die geistigen: Als lebendige Verheißung ist sie präsent, um zur lebendigen Hoffnung in allen zu werden, die um Jesu willen dem Schöpfer mehr zutrauen als das, was sie aus den natürlichen Gesetzen der Schöpfung ablesen können.

Daß der Tod schon besiegt sei, ist eine Aussage des Glaubens, der zugleich weiß, besser weiß als der Unglaube, daß der Tod immer noch herrscht. Dieses Paradoxon verbietet die Bagatellisierung des Todes – und gebietet sie zugleich! Christen kennen schon den Text des Spottliedes auf den Tod (1. Kor. 15,55), das doch noch kein allgemeiner Gesang sein kann. Der Tod bleibt Gottes und unser aller letzter Feind – und muß als solcher ernst genommen werden. Aber ein letzter Ernst gebührt ihm nicht. Denn das Letzte und Letztgültige wird der Sieg der Auferstehung sein.

Luthers dialektische Bagatellisierung des Todes

Nicht nur der christlich Glaubende und Hoffende kennt das Paradoxon in seiner Existenz. Auch der von der christlichen Auferstehungsbotschaft Unberührte steht im Zwiespalt. Nichts außer der Sprachgestalt deutet darauf hin, daß die folgenden Zeilen des 1498 verstorbenen Magisters Martinus von Bibrach ein halbes Jahrtausend alt sind; ein Heutiger könnte sie formuliert haben:

»Ich leb und waiß nit, wie lang,
Ich stirb und waiß nit wann,
Ich far und waiß nit wahin,
Mich wundert, daß ich froelich bin.«

Nur ein paar Jahrzehnte nach Entstehung dieser Strophe hat Martin Luther sie umformuliert, das Paradoxon ins Christliche kehrend: »... Ich fahr und weis, Gott lob, wohin, / Mich wundert, das ich traurig bin.«[6] Auch eine andere Strophe hat der Reformator in eine kontradiktorische Fassung gebracht. Aus dem mittelalterlichen Kirchenlied »Mitten wir im Leben sind mit dem Tod umfangen ...« hat er den Text gemacht: »Mitten im Tode sind wir mit dem Leben umfangen«[7].

Diese wahrhaft »protestantischen« Umformulierungen, die traditionelle Texte aus einer christlichen Kultur auf den Kopf stellen, machen exemplarisch deutlich, wie wenig sich das Bewußtsein des Auferstehungsglaubens sogar in kirchlich geprägtem Umfeld von selbst versteht. Weil Luther um dieses Bewußtsein gerungen hat, seit ihm in revolutionärer Weise deutlich geworden war, was Gottes Gnade in ihrer Radikalität bedeutet, darum ist er zu einem Zeugen der christlichen Hoffnung geworden, den man noch heute aufrufen darf. Seine Überlegungen haben in unserer Zeit nichts von ihrer theologischen und existentiellen Tiefe verloren. Im Gegenteil: Eine Besinnung auf sie kann immer noch, ja wieder neu anregend und hilfreich sein. So wie sie dazu geführt haben, daß fromme mittelalterliche Texte auf den Kopf gestellt worden sind, so sind sie auch heutzutage imstande, moderne Theologie und Spiritualität auf ihre Verkürzungen der christlichen Hoffnung hin kritisch zu durchleuchten.

Dabei gilt es zu bedenken, daß die Auferstehungshoffnung schon zu Luthers Zeiten weniger attraktiv war, als man es dem auslaufenden Mittelalter vielleicht zutrauen würde. Sie existierte weithin nur in einer stark mythologisch gefärbten Gestalt, wie sie schon zu Zeiten der frühen Kirchenväter die Oberhand gewonnen hatte: Man dachte im wesentlichen an die Öffnung der Gräber und an die Verle-

bendigung der Leichenteile bzw. an die Wiederherstellung der irdischen Körper im Zusammenhang mit den materiellen Partikeln des alten Leibes. Gewiß gab es für diese eher naive, das Symbol des Wieder-Aufstehens wörtlich nehmende Interpretation stützende Bibelstellen und insbesondere das Vorbild der Auferstehung Jesu. Doch übersah man dabei jene gewichtigen Aussagen des Neuen Testaments, mit denen sowohl Jesus als auch Paulus sehr wohl grundlegend zwischen der Auferstehung innerhalb des irdischen Zeitlaufs und der allgemeinen Auferstehung im Umbruch zur Ewigkeit unterschieden hatten. Von der Auferstehung der Toten im Zuge der universalen Neuschöpfung kann letztlich nur in Bildern und Symbolen gesprochen werden, die auf Gottes heilvolles Handeln an seiner gesamten Kreatur hinweisen – und damit dieses selbst statt menschliche Wunschprojektionen des »Wiederkommens« ins Zentrum der Hoffnung rücken.
Die naiv-mythischen Vorstellungen von Auferstehung denken mehr an die Wiederherstellung des Leibes als an die Vollendung der Schöpfung, mehr an die Reparatur ihrer Vergänglichkeit als ans Kommen des Reiches Gottes. Solch eine reduzierte Auferstehungshoffnung, wie sie der mittelalterliche Mensch vor Augen hatte, konnte die Gemüter denn auch nicht sonderlich fesseln. Viel interessanter war da doch der Ausblick auf das Jenseits drüben, auf den Himmel droben, in dem die Seelen der Verstorbenen sich ihres unsterblichen Heils erfreuten. Tatsächlich hatte die römisch-katholische Kirche wenige Jahre vor Ausbruch der Reformation die Lehre von der Unsterblichkeit der Seele dogmatisiert. Auf Himmel, Hölle und Fegfeuer lag das Gewicht der zwischen Furcht und Hoffnung pendelnden Gedanken. Insofern war Luthers Theologie der Auferstehung damals ähnlich wenig attraktiv wie heute. Das hinderte ihn nicht, sie aus Treue zur biblischen Verheißung über Jahre hinweg auszuarbeiten und in Lehre, Verkündigung und Seelsorge zu entfalten.
Das Leben nach dem Tod beginnt für Luther ganz im Sinne des Neuen Testamentes schon vor dem Tod. Dies umso mehr, als nach seinem Verständnis das irdische Leben nichts anderes ist als »ein Vorlauf oder besser ein Anfang des zukünftigen Lebens«[8]. Schon lange, bevor Heidegger über das »Sein zum Tode« philosophiert hat, ist Luther bewußt gewesen, daß der Tod nicht nur äußerlich,

sondern »zuinnerst« über den Menschen herrscht. Und da der Tod zu Gott führt, geht es beim Umgang des Menschen mit dem Tod zutiefst auch um sein Verhältnis zum göttlichen Gericht. Dieses greift vom Ende der Tage über unseren Tod hinweg hinein in unser Leben. Dank der Erlösungstat Jesu Christi wandelt sich aber die Bedrohung in eine positive Perspektive: Die Mächte des Todes und des Gerichts sind für den mit Christus Verbundenen schon entmachtet und dürfen das Bewußtsein nicht länger bedrücken. »Während wir anfangen zu glauben«, sagt Luther, »fangen wir zugleich an, dieser Welt abzusterben und für Gott zu leben im zukünftigen Leben, so daß der Glaube eigentlich Tod und Auferstehung ist«[9].
Insofern die Auferstehung aber im Glauben schon begonnen hat, darf der Tod und alles, was an ihm bedrohlich sein könnte, bagatellisiert werden. Luthers Formulierungen, die im folgenden um der besseren Verständlichkeit willen in heutigem Deutsch wiedergegeben[10] werden, sind ungeachtet ihrer teilweise veralteten Ausdrucksweise von drastischer Deutlichkeit: »Wenn ich nun solches weiß und glaube, so ist mein Herz oder Gewissen und Seele schon auch durch den Tod und durchs Grab hindurch bei Christus im Himmel ..., so daß nicht mehr als der linke Fuß zurückbleibt! Denn die Sünde ist schon vergeben und ausgetilgt, Gottes Zorn und die Hölle sind ausgelöscht; und der Glaubende lebt bereits in und bei Christus nach dem bestem Stück, nämlich der Seele, teilhaftig des ewigen Lebens.«[11] Weil der auferstandene Herr nicht nur das Haupt der Christenheit, sondern der innerste Bezugspunkt jedes Christenmenschen ist, kann Luther sagen: »Wir sind schon über das Haupt, ja über den Rücken und Bauch, die Schulter und Beine aus dem Tod heraus; und der Tod hat nichts mehr an uns, das er halten kann, höchstens eine kleine Zehe – die soll auch bald hindurch kommen!«[12]
Dieses durchschlagende Auferstehungsbewußtsein hat Luther jedoch keineswegs zum Schwärmer werden lassen. Mit bisweilen brutal-realistischen Worten konnte er die Vergänglichkeit und Hinfälligkeit seines alten »Madensacks« schildern, sich der Vergänglichkeit des irdischen Lebens und der Verweslichkeit des Leichnams stellen, den die »lieben Würmer« fressen werden. »Ich werde noch geplagt von Sünden und Tod; da sehe ich kein ewiges Leben. Das ist ja noch das alte Leben. Aber darüber hat Gott ein ewiges Leben

gemacht, darin wir schon leben; aber wir sehen es noch nicht.« Von daher kann es heißen: »Daß wir im Fleische leben, ... ist eine Verhüllung des Lebens.«[13] Beide Wirklichkeiten, die des alten, vergehenden und die des neuen, ewigen Lebens bestimmen die christliche Existenz. Platte Bagatellisierungen von Sterben und Tod wären daher für Luther billiger Enthusiasmus: »Ich sehe die Beispiele ungern, daß man gerne stirbt ... Hinsichtlich des Geistes stirbt man gern, hinsichtlich des Fleisches aber heißt es: ›Ein anderer führt dich, wohin du nicht willst‹«[14]. Muß doch der sterbende Mensch, wie Luther es bildlich sagen kann, durch eine enge Pforte gehen, ja von dem bekannten Ufer dieses Lebens hinüberspringen in den Abgrund!
Aber der Glaubende kennt die mächtigere Wirklichkeit des Auferstandenen. Jesus Christus wird ihm im Tode gegenwärtig sein und sagen: »Ich will die Brücke sein und dich hinübertragen, so daß du in einem Augenblick aus dem Tod und der Höllenangst in jenes Leben kommen sollst.«[15] Luther weiß um diesen einen, der für uns Menschen am Kreuz eingesprungen ist und stellvertretend für uns einspringt, wo wir am Ende sind. Gott ließ, wie Luther seinem Zuhörer versichert, »deine Anfechtung des Todes, der Sünde, der Hölle auch über seinen Sohn ergehen ... und macht sie unschädlich, dazu erträglich.« Die Schrecklichkeit des Todes ist darum für den Glaubenden aufgehoben, und übriggeblieben ist »ein kleines Tödlein, ja ein Zuckertod.«[16] Diese Worte drücken die Todesverachtung lebendiger Auferstehungshoffnung aus, ohne deshalb mit dem Tod zu spielen.

Totsein heißt Schlafen

Vor einem Vierteljahrhundert hätte noch kaum jemand gedacht, daß das Denkmodell einer unsterblichen Seele bald wieder Konjunktur in unserer Gesellschaft haben würde. Die Zeiten haben sich geändert. Heinz Zahrnt kommt denn auch in seinem Buch »Gotteswende« zu der Überzeugung, daß das theologisch ein halbes Jahrhundert lang verbreitete Modell vom »Ganztod« des Menschen mittlerweile ausgedient habe. Die heutige Theologie stehe vor der Aufgabe, »unter den neuen Vorzeichen das biblische Symbol der

›Gottebenbildlichkeit‹ des Menschen im Zusammenhang mit dem Leib-Seele-Problem neu zu bedenken und wenn möglich ein zeitgemäßeres theologisches Denkmodell für den christlichen Unsterblichkeitsglauben herauszufinden.«[17]

Bei der Lösung dieser Aufgabe kann die Rückbesinnung auf den Reformator hilfreich sein. Denn auf ihn haben moderne »Ganztod«-Theologen sich stützen zu können gemeint, als sie lehrten, der Mensch sterbe mit Leib und Seele, um am Jüngsten Tag aufgrund der Erinnerung des treuen Gottes in einem neuschöpferischen Akt wieder ganzheitlich ins Dasein gerufen zu werden. Trotz aller Orientierung am ganzheitlich-biblischen Menschenbild hat Luther aber solches nie gelehrt. Vielmehr hat er die Überzeugung von einer, wie zu zeigen sein wird, zwar nicht philosophisch oder (para) psychologisch, wohl aber theologisch begründeten Unsterblichkeit der Seele in seine ganzheitliche Hoffnung integrieren können.

Dies muß ganz lapidar festgestellt werden im Gegenüber zu namhaften Lutherforschern wie etwa Peter Meinhold, Carl Stange und Werner Elert.[18] Allzu einseitig haben sie entweder jedes unmittelbare Weiterleben der Seele nach dem Tode für Luthers Anschauung bestritten oder deren Unsterblichkeit nur auf die gläubigen Christen beschränken wollen. Aber weil Luther von Gott her eine Beziehung zu jedem Menschen gesehen hat, hat er niemals ein Aufhören dieser Beziehung in Erwägung gezogen. Völlig eindeutig ist seine Erklärung: »Die Person des redenden Gottes und sein Wort weisen darauf hin, daß wir solche Geschöpfe sind, mit denen Gott bis in Ewigkeit und auf unsterbliche Weise reden will. Allein mit dem Menschen redet er. Wo also und mit wem auch immer Gott redet – ob im Zorn oder in Gnade –, der ist mit Sicherheit unsterblich.«[19]

Nach Luthers Überzeugung redet Gott mit den Menschen durch die Heilige Schrift und den Heiligen Geist, die aber beide hinweisen auf Jesus Christus als das eigentliche, entscheidende Wort Gottes in Person.[20] Deshalb wird die Unsterblichkeit der Seele in ihrer Grundsätzlichkeit gerade von Christus her begründet. Christi Erlösungstod wirkt nach Luther so kräftig, »daß er alle anderen Toten getauft hat, daß sie nicht Tote heißen sollen, sondern Schläfer«[21]. Auf dieser Grundlage kann Luther – ungeachtet aller begrifflichen Differenzierungen, zu denen er fähig ist – theologisch-anthropologisch sagen: »Was ist's, daß wir viel Kummer haben um andere oder gleich selbst sterben und begraben werden? Stirbt doch nur ein Mensch und dennoch nicht der ganze Mensch, sondern ein Stück allein, der Leib.«

Wenn Luther die Toten als Schläfer bezeichnet, so ist das durchaus typisch für seine Anschauung – und keineswegs, wie F. Heidler[22] unter Verkennung des Belegmaterials meint, eine unreflektierte Bildrede des Reformators. Dieser nennt den Zustand der Seele nach dem Tod aus vier Gründen oft und gerne »Schlaf«. Zum ersten deshalb, weil er die entsprechende Redeweise häufig in der Heiligen Schrift vorfindet. In Verbindung damit steht der zweite Grund: Durchaus im Sinne biblischer Redeweise drückt die Vorstellung vom Schlafen der Verstorbenen eine christlicher Hoffnung angemessene »Bagatellisierung« des Todes aus. Wir Christen, so meint noch der alte Luther, »sollen uns üben und gewöhnen im Glauben, den Tod zu verachten und als einen tiefen, starken, süßen Schlaf anzusehen, den Sarg nicht anders denn als unseres Herrn Christi Schoß oder Paradies ...«[23] Dem entspricht der dritte Grund, der sich in folgender, etwas frei wiedergebener Aussage zusammenfassen läßt: »Die Bezeichnung Schlaf trifft nicht auf einen zu, der tot ist, sondern der mit Sicherheit wieder aufersteht.«[24] Mit der in der Antike und auch in der Aufklärungsepoche anzutreffenden Beschönigung des Todes als eines »ewigen Schlafes« darf Luthers Überzeugung also keinesfalls verwechselt werden. Sie besagt vielmehr: Der Zustand der Seele nach dem Tode ist als leibloser Zustand nur ein vorläufiger und entsprechend der biblischen Verheißung auf die Auferstehung des Leibes am Jüngsten Tage bezogen.

Diesen sogenannten »Zwischenzustand« zwischen individuellem Tod und allgemeiner Auferstehung der Toten hat Luther gerade deswegen als »Schlaf« bezeichnet, um auf diese Weise den »wachen« Zustand in der Vollendungswelt des Gottesreiches qualitativ davon abheben zu können. Bleibt noch ein vierter Grund zu nennen: Mit dem gewiß im übertragenen Sinn zu verstehenden Wort »Schlaf« läßt sich auf geniale Weise ein postmortaler Bewußtseinszustand andeuten, der einerseits der Bewußtlosigkeit gleichkommt und andererseits doch wie im Traum inhaltlich gefüllt sein kann, ohne dabei mit den Raum- und Zeitgrenzen der im Wachzustand wahrgenommenen Diesseitswelt verrechenbar zu sein.

Einiges an den genannten vier Gründen für Luthers Rede vom Totsein als Schlafen verdient noch hervorgehoben zu werden. Wie steht es um die biblische Fundierung dieser Redeweise? Zum Beispiel spricht Paulus im 1. Korintherbrief von Christus als dem Auferstandenen, der »der Erstling geworden ist unter denen, die da schlafen.«[25] In einem Brief aus dem Jahre 1522 erklärt Luther ausdrücklich, »daß die Seelen der Gerechten schlafen und bis zum Tag des Gerichts nicht wissen, wo sie sind. Zu dieser Überzeugung hin zieht mich die Heilige Schrift.«[26] Schwierigkeiten bereiten ihm hinfort einige Bibelstellen, die nicht zur Lehre vom Seelenschlaf passen wollen. Dies ist auf der einen Seite der Fall bei Aussagen über das Schicksal Verdammter nach dem Tod, weshalb Luther an die Möglichkeit von wenigen Ausnahmen denkt, die Gott macht. Beispielsweise gibt es in den synoptischen Evangelien jene Geschichte von der Verklärung Jesu, in deren Verlauf den Jüngern die alttestamentlichen, seit Jahrhunderten verstorbenen Gestalten des Mose und des Elia vor Augen treten. Solche Erscheinungen versucht Luther damit zu erklären, daß Gott ja die Macht habe, einzelne Gestalten »aufzuwecken« und erscheinen zu lassen.[27] Das in Lukas 16 geschilderte jenseitige Gespräch des reichen Mannes in der Hölle mit dem einst so armen Lazarus verlegt Luther in die Sterbestunde des Reichen und macht es damit zu einem Gewissenskampf, zu einer »Sterbeerfahrung« des gerade noch Lebenden.[28] In der Regel denkt er jedenfalls an empfindungslosen Schlaf der Seelen im Zwischenzustand. »Seelenunsterblichkeit« öffnet also bei ihm weder philosophischen noch spiritistischen, dämonologischen oder gnostischen Vorstellungen Tor und Tür, sondern gewährleistet die Identität und Kontinuität des Geschöpfes in Gottes Hand, der Hand der Schöpfers, der die Toten auferstehen macht.

Wie der »Schlaf« der Seele bis zur Auferweckung noch genauer vorzustellen sei, das beansprucht Luther nicht zu wissen. Im Hinblick auf eine Bibelstelle, die vom »Totenreich« handelt (1. Mose 42,38), spricht er von einem gewissen uns unbekannten Bereich, in dem es keine Unterscheidung von Orten, Zeiten und Personen gebe. Und im Blick auf eine andere Bibelstelle, die das Jenseits der Seligen als »Abrahams Schoß« bezeichnet (Luk. 16,23), formuliert er positiv: Wir dürfen »wissen, daß des Menschen Seele oder Geist keine Ruhe oder Stätte hat, wo er bleiben möge, als das Wort Gottes – bis er am

Jüngsten Tag zur hellen Gottesschau kommt.«[29] Darum kann Luther auch betont vom »süßen« Schlaf in der Christusbeziehung, in der Hand des Siegers über den Tod sprechen.
Die Notwendigkeit einer qualitativen Unterscheidung gegenüber dem wachen Vollendungszustand in der Auferstehungswelt bildet einen weiteren Grund für Luthers Annahme des Schlafes im Zwischenzustand. Im Gegensatz zur Tradition des Mittelalters sowie zu den anderen Reformatoren bestreitet Luther eine wache Bewußtseinsverfassung zwischen Tod und Auferweckung. Welch »närrische Seele« müßte das sein, die, wenn sie wach im Himmel wäre, noch den Auferstehungsleib begehren wollte![30] Mit anderen Worten: Der Zwischenzustand ist noch nicht das »Himmelreich« der verheißenen Vollendungswelt, sonst bedürfte des keiner Auferstehung mehr. Nach Luther zielt aber der vorläufige Schlafzustand auf die Auferweckung sowohl des Leibes als auch der Seele. Die Seele wird freilich nur aus dem Schlaf, nicht aus dem Tod geweckt, während der Leib neu geschaffen wird.

Auferweckungshoffnung nach Luther

Die Annahme eines bewußtlosen Schlafes zwischen Tod und Auferweckung führt zu der durchaus schwierigen Frage nach dem Verhältnis von Zeit und Ewigkeit. Luther überlegt: »Wir können durch unsere Vernunft die Zeit nicht anders ansehen als nach der Länge, müssen anfangen zu zählen von Adam ein Jahr nach dem anderen bis auf den Jüngsten Tag. Für Gott ist es aber alles auf einem Haufen ... Darum sollt ihr gerüstet sein für den Jüngsten Tag, denn er wird für einen jeglichen nach seinem Tod bald genug kommen, daß er sagen wird: Siehe, bin ich doch erst eben gestorben!« Folglich muß man hier »die Zeit aus dem Sinn tun ... Wenn man auferstehen wird, so wird es Adam und den alten Vätern werden, als wären sie vor einer halben Stunde noch am Leben gewesen ... Es ist vor Gott alles auf einmal geschehen. Es ist weder ›vor‹ noch ›hinter‹; jene werden nicht eher beim Jüngsten Tag ankommen als wir.«[31]
Luther postuliert hier die gleichzeitige Ankunft aller Toten beim »Jüngsten« Tag, sozusagen am Ufer der Ewigkeit. Aber den Begriff der »Ewigkeit« faßt er nicht im philosophischen Sinn etwa des über-

kommenen Neuplatonismus auf. Als christlicher Theologe weiß er sich vielmehr der biblischen Hoffnungsperspektive verpflichtet, welche die der Kreatur verheißene Ewigkeit als die des künftigen Gottesreiches sieht. Da nun die Auferstehungswelt das Ende der »alten« Welt voraussetzt, kann man sie nicht einfach mit jener Ewigkeit Gottes gleichsetzen, welche die irdische Raumzeit umschließt. Der die Toten »auffangende« Gottesgeist ist als solcher für Luthers heilsgeschichtliche Sicht nicht schon identisch mit dem vollendeten Reich Gottes als solchem, wiewohl er der Geist ist, der diese Vollendungswelt dereinst gebiert. Vielmehr fungiert er »einstweilen« nicht zuletzt als »Ort« oder »Feld«, in dem die Seelen der Toten sich sammeln und ruhen, in den sie also hineinsterben und durch den sie einst aufgeweckt werden. Denn Christus »will uns nicht eher auferwecken, als bis sie alle zusammenkommen, die ihm angehören.«[32] Dieser Zwischenzustand kann in seiner Vermittlungsfunktion nur überzeitlich, nicht aber absolut zeitlos gedacht werden. Eben von daher möchte Luther ihn als Schlaf umschreiben.

Wenn jedes Todesereignis nicht allein subjektiv, wie Luther es lehrt[33], sondern auch objektiv den unmittelbaren Übergang zum Jüngsten Tag bedeuten würde, so ergäbe sich eine denkerisch unzulässige Verquickung der irdischen Zeitlinie mit der künftigen Ewigkeitswelt. Beispielsweise interpretiert Jürgen Moltmann Luther unzutreffend, wenn er ihm die Ansicht unterstellt, die Toten würden sich, gemessen an unserer Zeit, »schon in der neuen Welt der Auferstehung« befinden.[34] Aber auch eine Zeit-Ewigkeits-Dialektik, derzufolge die Auferstehung der Toten im wesentlichen in einer neuen Beleuchtung der abgeschlossenen irdischen Zeit bestünde, ohne wirklich eine neue, vollendet herrliche Lebenswelt zu bringen, wäre nicht im Sinne Luthers. In solcher verkürzenden Weise ist in der evangelischen Theologie des 20. Jahrhunderts vielfach vom »Ganztod« gesprochen worden.[35]

Nach Luthers Perspektive ist die gegenwärtige Welt nur ein Gerüst für den Neubau, welches abgerissen wird, wenn der Bau vollendet ist. Die Auferstehung der Toten erfolgt im Kontext der Erneuerung der gesamten Schöpfung. In Anlehnung an neutestamentliche Aussagen formuliert der Reformator: »Also werden Himmel und Erde am Jüngsten Tag, mit allen Elementen und was allenthalben ist, durchs Feuer zerschmolzen und zerpulvert werden, samt allen

Menschenkörpern, so daß nichts als lauter Feuer allenthalben sein wird. Und alsbald darauf wird alles wiederum neu aufs Allerschönste geschaffen, daß unsere Körper hell leuchten werden wie die Sonne ...«[36]
Indem Luther die kosmische Dimension der Auferstehungsbotschaft zurückgewinnt, gelingt ihm die Überwindung naiv-mythologischen Beharrens auf der Identität des Auferstehungsleibes mit der Materie des irdischen Leichnams. »Wo der Leib nicht in der Erde verweste, so würde auch nimmer ein neuer Leib daraus. Soll er aber eine neue Gestalt kriegen, so müssen wir, eben wie das Körnlein, unter der Erde vermodern und zunicht werden ..., daß nichts bleiben soll, was dieses vergänglichen Lebens ist, und doch derselbige Leib und Seele sei und bleibe, so ein jeglicher gehabt hat, mit allen Gliedmaßen.« Dieses und die folgenden Zitate aus Luthers Reihenpredigten über 1. Korinther 15 zeigen, wie er in Aufnahme von Bildern des Apostels Paulus dessen Auferstehungstheologie so auslegt, daß ihr Niveau nicht verlorengeht. Das gilt auch für sein Gleichnis von der Aussaat: Gott ist »ein großer Ackermann«, der vergängliche Kreatur sät auf das Ziel der Ewigkeitsernte hin. »Die Menschen sind Ackersaat für Gott, die ganze Welt, wie das Korn für den Bauern. Und wenn Pest herrscht und viele sterben, so ist dies für ihn wie für den Bauern, der aussät ... Wenn ich zu ihm sagte: ›Wie töricht, daß du es in die Erde wirfst‹, so würde er antworten: ›Nicht dazu, daß es zugrunde, sondern damit es zahlreicher, größer und schöner hervorgehe! Und des Korns, das da wachsen wird, bin ich sicherer als dessen, das daliegt. Sonst täte ich es nicht‹«[37]. Vergehendes Leben als Gottes Aussaat – das ist eine Aussage, die sich auch dogmatisch oder religionsphilosophisch formulieren ließe, die aber als Bildwort ihren eigenen Reiz hat, ja um ihrer Anschaulichkeit willen dem Aussagegehalt womöglich angemessener ist als eine abstrakte Entfaltung.
Anschaulich-konkret und symbolisch zugleich malt Luther auch die Leiblichkeit der Vollendeten aus: »Wohl glaub ich, daß alles wird viel schöner werden, Wasser, Bäume und Gras, und gar eine neue Erde sein wird, wie Petrus sagt, daß es wird Lust anzusehen sein; aber Seele und Leib zu erhalten, das wird Gott selbst tun ...« Die Auferstandenen werden sich vom Gottesgeist selbst nähren, so daß sie »nicht allein nach der Seele von innen erleuchtet werden und

ihn erkennen, sondern er wird auch durch den ganzen Leib gehen, daß der so klar und leicht sein wird wie die Luft und so scharf sehen und hören wird, so weit die Welt ist«[38].

Insgesamt legt Luther also im Sinne des biblischen Menschenbildes Wert auf eine ganzheitliche Vollendung bei Gott. Unsterblichkeit der Seele und Auferstehung des Leibes sind, christlich-theologisch verstanden, daher nicht etwa widersprüchliche, sondern zusammengehörige Erwartungen. »Erlösung haben wir nach der Seele ... Aber der arme Madensack ist noch Tod und Unglück unterworfen, der soll auch mit. Denn wir müssen völlig mit Leib und Seele selig werden.« Diese progressiv-ganzheitliche Hoffnungsperspektive bildet ein Kontrastmodell zu regressiv-ganzheitlichen Ausblicken auf eine mystische Auflösung aller kreatürlichen Konturen im Göttlichen. Obschon Luther in seiner Theologie durchaus mystische Elemente kennt, ist er nie in Versuchung gekommen, seine Hoffnungsperspektive sozusagen in ein regressives Fahrwasser abgleiten zu lassen. Wenn solches aber für viele Zeitgenossen am Ende des zweiten Jahrtausends nahezuliegen scheint, dann vielleicht nicht zuletzt deshalb, weil sie vom christlich-ganzheitlichen Hoffnungsmodell, wie Luther es entfaltet hat, bislang in Gottesdienst, Religionsunterricht oder Erwachsenenbildung viel zu wenig gehört oder verstanden haben.

Der Glaube an ein ewiges Leben

Abschließend bleibt zu fragen, was die Rede vom ewigen Leben als Hoffnungsaussage näherhin meint – und auch nicht meint.[39] Das allerletzte Glied des apostolischen Glaubensbekenntnisses vor dem »Amen« umfaßt vier Worte, deren Meditation geeignet sein kann, hierauf zu antworten. »... und ein ewiges Leben« – damit erklingt zugleich eine Gesamtaussage, die als Kurzformel zu theologischer Überlegung herausfordert.

Das Wörtchen »und« verknüpft die Hoffnungsaussage mit dem vorher Gesagten. So kommt zunächst einmal das voraufgehende Glied in den Blick, in dem das Bekenntnis zur Hoffnung auf die Auferstehung der Toten (bzw. des Fleisches, wie es wörtlich im Griechischen heißt) seinen Ausdruck findet. Hierbei gilt es zu bedenken, daß im Entstehungsprozeß des Credos dieses Glied zunächst allein stand und erst später durch jene Worte ergänzt wurde, welche nun seinen Schluß bilden. Niemals hat die möglicherweise regressiv mißzuverstehende Rede vom »ewigen Leben« die progressive Formel von der »Auferstehung der Toten« ersetzt, sondern allenfalls diese gedanklich erweitert; immer ist sie auf die Erläuterung von der Auferstehungshoffnung her angewiesen geblieben.

Im übrigen weist das Wörtchen »und« zurück auf den Beginn des dritten Glaubensartikels: »Ich glaube an den heiligen Geist.« Als schwerpunktmäßig dessen Werk sind die »letzten Dinge« seit jeher verstanden worden. In seinem Geist gebiert der Vater durch den Sohn nicht nur den einzelnen, seinen Glauben Bekennenden, um ihn zu einer »neuen Kreatur « (2. Kor. 5,17) werden zu lassen; vielmehr wird auch die Neugeburt der gesamten Schöpfung sich dem Geist verdanken, weshalb die Auferstehungsleiblichkeit bereits im 1. Korintherbrief als »geistliche« bezeichnet wird. Zuletzt weist das »und« freilich ganz auf die Anfangsworte des Credos zurück: auf den dezidierten Glauben an den allmächtigen Gott – und auf das Ich des Glaubenden selbst, der in das Bekenntnis einer wahrhaft universalen Hoffnung einstimmt.

Das (im Deutschen folgende) Wörtchen »ein« drückt als unbestimmter Artikel zunächst eine gewisse Unbestimmtheit des ewigen Lebens aus. Es wäre vermessen, so zu tun, als wären wir bereits Schauende: Im Horizont unserer irdischen Existenz läßt sich das Verheißene nur erhoffen, theologisch umschreiben und metaphorisch symbolisieren. Das heißt nicht, daß diese Hoffnung völlig konturenlos zu sein hätte: Sie ist wesenhaft bezogen auf den auferstandenen Christus, mit dessen Sieg über den Tod die Ewigkeit bereits auf geschöpflicher Seite angebrochen ist. Von Christus her gilt der Sieg jedem einzelnen Menschen. Das ist mit dem Wörtchen »ein« auch intendiert: ewiges Leben wird für »einen jeden« erhofft. Die Verheißung ist ebenso universell wie individuell ausgerichtet.

Das Adjektiv »ewig« darf nicht philosophisch genommen, sondern muß aus seinem biblischen Kontext verstanden werden. Der hebräische Begriff des Ewigen bewegt sich urtümlich noch ganz in zeitlichem Horizont, indem er das »Uralte« bzw. das seit unvordenklichen Zeiten Seiende meint, um schließlich den Begriff unendlicher Zeit in sich aufzunehmen und im Letzten die Zeitüberlegenheit

Gottes auszudrücken. Der Ewige ist als Schöpfer der Zeit in jeder Hinsicht über Zeit erhaben. Aber von der biblischen Glaubensgeschichte, namentlich von seinem Handeln in der Inkarnation und Auferstehung Christi her muß davon ausgegangen werden, daß er sich selbst auf die Zeit als Form seiner Schöpfung wesenhaft und unwiderrufbar bezogen hat. Zumal Zeit zutiefst ein Relationsbegriff ist, kommt mit solchem Sich-in-Beziehung-Setzen so etwas wie Zeit auch in Gottes Sein grundsätzlich hinein: Es ist, christlich-trinitarisch gedacht, als »im Werden«[40] am angemessensten zu verstehen. Diese Perspektive führt zu der Erkenntnis, daß Gottes die Schöpfung durchdringendes »Alles-in-allem-Sein« (1. Kor. 15,28) für sein ewiges Reich keineswegs Zeitlosigkeit bedeuten kann – weder für ihn selbst, noch für die Kreatur. Das ewige Leben ist vielmehr als ein spannungsreiches Spiel voller Liebe und Vielfalt zu erwarten, das den Reichtum des von Gottes Geist befruchteten Geschöpflichen unendlich entfaltet. Es wird neues Geschehen in erlöster Zeit, also eine neue Art von »Geschichte« sein, jenseits der Bedrohung der Vergänglichkeit. Die Differenz von Vergangenheit, Gegenwart und Zukunft wird zwar nicht restlos beseitigt sein (sonst gäbe es kein »Geschehen« mehr), aber auch nicht mehr jene harten, unüberwindlichen Grenzziehungen für menschliches Wissen und Erfahren implizieren, die Schmerz verursachen.

Damit ist das letzte Wort des Apostolikums angesprochen: »Leben«! Gemeint ist unzweifelhaft – mit dem Nicaenischen Glaubensbekenntnis gesprochen – »ein Leben der zukünftigen Welt«. Daß dies Leben im tiefsten Sinn des Wortes bedeutet, also die erfüllte Beziehung zu Gott und allen erlösten Mitgeschöpfen im befriedeten Kosmos, ist in der neutestamentlichen Verheißung der Ruhe für das Volk Gottes (Hebr. 4,9) durchaus impliziert. Symbolisch hat Luther einmal formuliert, der »ganze Mensch« der Auferstehung werde »in Himmel und Erden, mit Sonne und Mond und allen Kreaturen spielen und auch seine Freud und Lust daran haben ...«[41]

Skeptiker mögen hier einwenden: »Ein unbegrenztes Leben – das wäre doch eine Perspektive, um wahnsinnig zu werden!« Müßte ein solches »ewiges« Leben nicht zumindest voller Langeweile sein? Der Fehler solcher Argumente liegt im direkten Schließen von unserer irdischen Zeiterfahrung auf die ewige. Im Unendlichkeitshorizont der erlösten, gottdurchsichtigen Zeit wird Freude die Fülle sein

– ohne daß sich das für unser jetziges Begreifen anschaulich machen ließe. Indes – selbst die verheißene Abwesenheit von Negativerfahrungen betrachten Skeptiker gern kritisch: Würzen nicht gerade Leid und Vergänglichkeit unser einmaliges, begrenztes Dasein, so daß am Ende ein ewiger Tod keineswegs zu verachten wäre?

Der Einwand, daß Gutes nicht ohne Negatives gedacht werden kann, hat sein Recht. Doch Christen werden auf das Symbol des Kreuzes auch im Blick auf die Ewigkeit hinzuweisen haben: Der Auferstandene bleibt identisch mit dem Gekreuzigten; die Auferstandenen werden keineswegs vergessen, wer und was sie gewesen sind. Insofern bleibt die Negativfolie des Schmerzes auch im ewigen Leben in gewisser Hinsicht erhalten – obschon in der Perspektive des völligen Sieges. Lebt doch der Glaubende in der Gewißheit, »daß dieser Zeit Leiden der Herrlichkeit nicht wert sei, die an uns offenbart werden soll« (Röm. 8,18)! Gemessen am unermeßlichen Geschenk des ewigen Lebens, an der vollendeten Gemeinschaft mit dem Auferstandenen (Phil. 1,21), kann darum der Tod einschließlich all seiner Schatten sogar für Christen den Charakter einer Bagatelle gewinnen. Sie vertrauen darauf, daß ihr Erlöser lebt und sich ihnen dann, wenn ihnen der Tod mitspielt, als der offenbaren wird, für den die Entmachtung des Todes ein Kinderspiel ist.

Ausgewählte Literatur

Eine Auflistung der wissenschaftlichen und auch weniger wissenschaftlichen Literatur zur komplexen Thematik dieses Buches würde jeden vertretbaren Rahmen sprengen. Darum stellen die folgenden Hinweise nur eine willkürliche Auswahl wichtiger Bücher dar. Zahlreiche weitere Literaturangaben zum Themenfeld der einzelnen Kapitel bieten die Fußnoten zu den einzelnen Kapiteln.

Gerhard *Adler:* Seelenwanderung und Wiedergeburt. Leben wir nicht nur einmal? Freiburg i. Br. 1980.

Paul *Althaus*: Die letzten Dinge, Gütersloh 1933[4].

Günter *Altner*: Tod, Ewigkeit und Überleben. Todeserfahrung und Todesbewältigung im nachmetaphysischen Zeitalter, Heidelberg 1981.

Philippe *Ariés*: Geschichte des Todes, München 1980.

Jan *Badewien*: Reinkarnation. Reihe Apologetische Themen 5, Konstanz 1994.

Ernest *Becker*: Dynamik des Todes. Die Überwindung der Todesfurcht – Ursprung der Kultur, Otten 1976.

Friedrich *Beißer*: Hoffnung und Vollendung (Handbuch Systematische Theologie 15), Gütersloh 1993.

Hans *Bender*: Umgang mit dem Okkulten, Freiburg i. Br. 1984.

Norbert *Brox*: Erleuchtung und Wiedergeburt. Aktualität der Gnosis, München 1989.

Gion *Condrau*: Der Mensch und sein Tod, Zürich 1984.

Oscar *Cullmann*: Unsterblichkeit der Seele oder Auferstehung der Toten? Neuausgabe: Stuttgart 1986.

Peter *Dinzelbacher*: An der Schwelle zum Jenseits. Sterbevisionen im interkulturellen Vergleich, Freiburg i. Br. 1989.

Stanislav und Christina *Grof*, Jenseits des Todes, München 1984.

Johann Christoph *Hampe*: Sterben ist doch ganz anders. Erfahrungen mit dem eigenen Tod, Stuttgart 1975.

Reinhart *Hummel*: Reinkarnation. Weltbilder des Reinkarnationsglaubens und das Christentum, Mainz-Stuttgart 1988.

Eberhard *Jüngel*, Tod, Stuttgart 1971.

Hans-Joachim *Klimkeit* (Hg.): Tod und Jenseits im Glauben der Völker, Wiesbaden 1978.

Herrmann *Kochanek* (Hg.): Reinkarnation oder Auferstehung. Konsequenzen für das Leben, Freiburg-Basel-Wien 1992.

Elisabeth *Kübler-Ross*, Erfülltes Leben – würdiges Sterben, hg. v. G. Grip, Gütersloh 1993.

Hans *Küng*: Ewiges Leben? München-Zürich 1982.
Bernhard *Lang*, Colleen *McDannell*, Der Himmel. Eine Kulturgeschichte des ewigen Lebens, Frankfurt/M. 1990.
Johannes *Mischo*: Okkultismus bei Jugendlichen, Mainz 1991.
Melvin *Morse*, Paul *Perry*: Zum Licht. Was wir von Kindern lernen können, die dem Tode nahe waren, Frankfurt/M. 1992.
Joachim *Müller* u.a.: Kontakte mit dem Jenseits? Spiritismus – aus christlicher Sicht, Freiburg-Zürich 1989.
Armin *Nassehi*, Georg *Weber*: Tod, Modernität und Gesellschaft. Entwurf einer Theorie der Todesverdrängung, Opladen 1989.
Milan *Ryzl*: Der Tod und was danach kommt. Das Weiterleben aus der Sicht der Parapsychologie, München 1983.
Hans-Jürgen *Ruppert*: Okkultismus. Geisterwelt oder neuer Weltgeist? Wuppertal 1990.
Michael *Sabom*, Erinnerung an den Tod. Eine medizinische Untersuchung, München 1986[2].
Hans *Schwarz*: Jenseits von Utopie und Resignation. Einführung in die christliche Eschatologie, Wuppertal 1990.
Werner *Thiede*: Auferstehung der Toten – Hoffnung ohne Attraktivität? Grundstrukturen christlicher Heilserwartung und ihre verkannte religionspädagogische Relevanz, Göttingen 1991.
Werner *Thiede*: Scientology – Religion oder Geistesmagie? Konstanz 1992
Helmut *Thielicke*: Leben mit dem Tod, Tübingen 1980.
Harald *Wiesendanger* (Hg.): Wiedergeburt. Herausforderung für das westliche Denken, Frankfurt/M. 1991.
Joachim *Wittkowski*: Tod und Sterben. Ergebnisse der Thanatopsychologie, Heidelberg 1978.
Carol *Zaleski*: Nah-Todeserlebnisse und Jenseitsvisionen vom Mittelalter bis zur Gegenwart, Frankfurt/M.-Leipzig 1993.

Anmerkungen zum I. Kapitel:

1. Vgl. A. *Nassehi* und G. *Weber*, Tod, Modernität und Gesellschaft. Entwurf einer Theorie der Todesverdrängung, Opladen 1989.
2. S. *Freud*, Zeitgemäßes über Krieg und Tod (1915), in: Ders., Kulturtheoretische Schriften, Frankfurt 1986, S. 33–60, hier 56; folgendes Zitat: 49.
3. E. *Becker*, Dynamik des Todes. Die Überwindung der Todesfurcht – Ursprung der Kultur, Olten-Freiburg 1976, S. 9. – W. H. *Riehl* formulierte bereits im 19. Jahrhundert: »Dieser Kampf gegen den Tod ist es, durch welchen der Tod zur mächtigsten bewegenden Kraft in allem menschlichen Leben wird« (Religiöse Studien eines Weltkindes, Stuttgart 1895, S. 32).
4. Vgl. H. *Vogt*, Todesangst prägt die Kultur mit. Entdeckungen amerikanischer Psychologen, in: Luth. Monatshefte 29, 9/1990, S. 402–404.
5. Zit. nach: G. *Lanczkowski*, Zur ägyptischen Religionsgeschichte des Mittleren Reiches II, in: ZRRG 6, 1/1954, S. 1–18, hier 7.
6. Vgl. J. *Moltmann*, Der gekreuzigte Gott, München 1976^3, S. 162. – Im übrigen siehe unten Kap. V.
7. D. *Bonhoeffer*, Widerstand und Ergebung, Gütersloh 1976^9, S. 167. Vgl. insgesamt W. *Thiede*, Auferstehung der Toten – Hoffnung ohne Attraktivität? Göttingen 1991.
8. Vgl. P. *Ariés*, Studien zur Geschichte des Todes im Abendland, München 1982^2, S. 32f.
9. W. *Goez*, Luthers »Ein Sermon von der Bereitung zum Sterben« und die mittelalterliche ars moriendi, in: Lutherjahrbuch 48, Göttingen 1991, S. 97–114, hier 101. – Zum Brauch des Osterlachens siehe W. *Thiede*, Das verheißene Lachen. Humor in theologischer Perspektive, Göttingen 1986, S. 78ff.
10. Vgl. H. *Rosenfeld*, Der mittelalterliche Totentanz, Köln 1974^3; G. *Kaiser* (Hg.), Der tanzende Tod. Mittelalterliche Totentänze, 1982.
11. Zitiert nach: W. *Hartinger*, ... denen Gott genad! Totenbrauchtum und Armen-Seelen-Glaube in der Oberpfalz, Regensburg 1979, S. 190. Folgende Zitate ebd. S. 192.
12. Ariés, a.a.O. S. 57.
13. Vgl. dazu E. *Biser*, »Gott ist tot«. Nietzsches Dekonstruktion des christlichen Bewußtseins, München 1962.
14. S. *Freud*, Das Unbehagen in der Kultur, in: Kulturtheoretische Schriften, Frankfurt/M. 1986, S. 191–270, hier 222.
15. R. *Descartes*, Abhandlung über die Methode, seine Vernunft richtig zu leiten und die Wahrheit in den Wissenschaften zu suchen, in: Werke,

I. Abt., hg. von A. Buchenau, Leipzig 1905, S. 49. Vgl. insbes. seine »Meditationen über die Grundlagen der Philosophie« (1641), 6. Meditation, c. 17.

16. Vgl. vor allem P. M. *van Buren*, Reden von Gott – in der Sprache der Welt, 1965; Th. J. J. *Altizer*, ... daß Gott tot sei, 1968; D. *Sölle*, Atheistisch an Gott glauben, 1969^2 (dazu bes. W. *Hartmann*, Was kommt nach dem »Tode Gottes«? Stuttgart 1969). Zusammenfassend: S. *Daecke*, Der Mythos vom Tode Gottes. Ein kritischer Überblick, Hamburg 1969.

17. H. *Küng*, Theologie im Aufbruch, München 1987, S. 241.

18. So H. *Cox*, Licht aus Asien – Verheißung und Versuchung östlicher Religiosität, Stuttgart 1978, S. 125.

19. Vgl. W. *Thiede*, Religiosität und Hoffnung im Kontext von New Age, in: Kerygma und Dogma 37, 1/1991, S. 62–93; C. *Bochinger*, »NEW AGE« und moderne Religion, Gütersloh 1994.

20. G. *Ebeling*, Dogmatik des christlichen Glaubens Bd. II, Tübingen 1979, S. 205.

21. M. *Scheler*, Tod und Fortleben, jetzt in: ders., Die Zukunft des Kapitalismus und andere Aufsätze, hg. v. M. S. Frings, München 1979, S. 7–71, bes. 28ff. – Vgl. auch M. *Weber*, Gesammelte Aufsätze zur Religionssoziologie, Bd. I, Tübingen 1920, S. 569f.

22. A. *Hahn*, Einstellungen zum Tod und ihre soziale Bedingtheit, Stuttgart 1968, S. 89; W. *Fuchs*, Todesbilder in der modernen Gesellschaft, Frankfurt/M. 1969, S. 8.

23. J. *Wittkowski*, Tod und Sterben. Ergebnisse der Thanatopsychologie, Heidelberg 1978, S. 132.

24. Fuchs, a. a. O. S. 7 und 228. Nächste Zitate ebd. 71f.

25. R. *Emmrich*, Zwischen Leben und Tod. Ärztliche Probleme der Thanatologie, in Bd. 110 der Sitzungsberichte der Sächsischen Akademie der Wissenschaften zu Leipzig, Berlin 1974, Heft 7, S. 3–22, bes. 19f.

26. D. B. *Linke*, Wie alt sollen Menschen werden? Gütersloh 1993, S. 24. Anbei warnt der Mediziner vor einem »Rückfall in eine heidnische Naturanbetung« (S. 71).

27. M. *Heidegger*, Sein und Zeit, Tübingen 1967^{11}, S. 254f.

28. J.-P. *Sartre*, Ist der Existentialismus ein Humanismus? Zürich 1947^2, S. 66f.

29. Zit. nach: Marx-Engels-Gesamtausgabe, 1. Abtlg., Bd. 3, Berlin 1932, S. 117.

30. Vgl. K. *Löw*, Die Lehre des Karl Marx. Dokumentation – Kritik, Köln 1982, S. 199. Die öffentliche Äußerung des ungarischen Politbüromitglieds C. *Hamori*, der Kommunismus sei eine Utopie, hatte noch im Herbst 1988 den Teilnehmern einer ZK-Sitzung »den Atem verschlagen« (ap-Meldung vom 28. 9. 1988)!

31. L. *Marcuse*, Unverlorene Illusionen. Pessimismus – ein Stadium der Reife, München o. J., 2. Aufl., S. 4.
32. P. *Sloterdijk*: »Seit der Mensch sich in keiner Hinsicht mehr als Partner eines Jenseits zu denken vermochte, verdunkelte sich sein Blick auf die gebene Welt. Düster mußte er jede Art Sinn*gebung* aus sich selber nehmen ...« (Kritik der zynischen Vernunft, Bd. 2, Frankfurt/M. 1983, S. 637).
33. M. *Beintker*, In welchem Sinn klärt sich im Glauben die Sinnfrage? in: Der evang. Erzieher 43, 5/1991, S. 472–485, hier 481.
34. H. *Schär*, Was ist Wahrheit? Eine theologisch-psychologische Untersuchung, Zürich 1970, S. 250.
35. V. E. *Frankl*, Das Leiden am sinnlosen Leben, Wien-Freiburg i. Br. 1977, S. 111.
36. G. *Sauter*, Was heißt: nach Sinn fragen?, München 1982, S. 159ff; dazu P. *Biehl*, Die Sinnfrage – Gottesfrage oder »Götzenfrage«?, in: H. G. Pöhlmann (Hg.), Worin besteht der Sinn des Lebens?, Gütersloh 1985, S. 47–59.
37. L. *Kolakowski*, Horror metaphysicus. Das Sein und das Nichts, München 1989.
38. M. *Klessmann*, Identität und Glaube. Zum Verhältnis von psychischer Struktur und Glaube, Münster 1978, S. 94.
39. E. *Erikson*, Identität und Lebenszyklus, Frankfurt 1966, S. 180. Ähnlich bereits J. *Piaget*, Die Bildung des Zeitbegriffs beim Kinde, Zürich 1955, S. 359.
40. Vgl. H.-J. *Fraas*, Lebenslauf und religiöse Entwicklung, in: G. Adam, R. Lachmann (Hg.), Gemeindepädagogisches Kompendium, Göttingen 1987, S. 137–161, bes. 145.
41. P. L. *Berger*, Auf den Spuren der Engel, Frankfurt/M. 1970, S. 94.
42. Vgl. F. *Gogarten*, Verhängnis und Hoffnung der Neuzeit, Tb München 1966, S. 51.
43. Vgl. M. *Plathow*, Das Reden von der Ganzheitlichkeit, in: Deutsches Pfarrerblatt 89, 3/1989, S. 89–91; W. *Thiede*, Ganzheitlichkeit und Tod, in: Nachrichten der ev.-luth. Kirche in Bayern 21/1985, S. 409–411.

Anmerkungen zum II. Kapitel:

1. Das kann hier nicht näher thematisiert werden; vgl. z. B. H.-J. *Klimkeit* (Hg.), Tod und Jenseits im Glauben der Völker, Wiesbaden 1978.
2. K. *Barth*, Kirchliche Dogmatik III/4, Zollikon-Zürich 1957, S. 678. Die heutige Naturwissenschaft als solche dient keineswegs der Bestreitung eines »Jenseits« als transzendenter Wirklichkeit (vgl. H. v. *Ditfurth*, Wir sind nicht nur von dieser Welt, Hamburg 1981).
3. Vgl. z. B. H.-D. *Leuenberger*, Sieben Säulen der Esoterik, Freiburg 1989, S. 19. – Hingewiesen sei dagegen auf das empfehlenswerte Werk von H.-J. *Ruppert*, Okkultismus. Geisterwelt oder neuer Weltgeist? Wuppertal 1990.
4. P. *Sloterdijk*, Kritik der zynischen Vernunft, Bd. 2, Frankfurt/M. 1983, S. 638.
5. H. *Zinser* bemerkt zwar: »Mit einem allgemeinen Begriff des Mythos ist nichts anzufangen« (Theorien des Mythos, in: K.-H. Kohl, Hg., Mythen im Kontext, Frankfurt/M. 1992, S. 147–161, Zitat 158). Vgl. dagegen K. *Hübner*, Die Wahrheit des Mythos, München 1985, S. 48 ff.
6. A.a.O. S. 22.
7. Leuenberger, a. a. O. S. 236.
8. H. *Jonas*, Gnosis und spätantiker Geist. Teil I, Göttingen 1988^4, S. 206.
9. K. *Rudolph*, Die Gnosis, Göttingen 1980^2, S. 187.
10. Poimandres 27 f (zitiert nach Jonas, a. a. O. S. 133).
11. G. *Quispel*, Gnosis als Weltreligion, Zürich 1972^2, S. 80.
12. A. *Böhlig*, Zur Struktur gnostischen Denkens, in: ders., Gnosis und Synkretismus I, Tübingen 1989, S. 3–24«, hier 8.
13. Religionsgeschichtlich und theologisch informiert H. *Haag*, Teufelsglaube, Tübingen 1974.
14. Vgl. näherhin W. *Thiede*, Der neuzeitliche Okkultismus in theologischer Perspektive, in: Kerygma und Dogma 33, 4/1987, S. 279–302; *ders.*, Fundamentalistischer Bibelglaube im Licht reformatorischen Schriftverständnisses, in: H. Hemminger (Hg.), Fundamentalismus in der verweltlichten Kultur, Stuttgart 1991, S. 131–162.
15. Ausführlicher W. *Thiede*, Auferstehung der Toten – Hoffnung ohne Attraktivität? Göttingen 1991, S. 11–83.
16. *Luther*, WA 30/II, S. 385. Vgl. auch J. *Haustein*, Martin Luthers Stellung zum Zauber- und Hexenwesen, Stuttgart 1989.
17. Vgl. K. *Hutten*, Seher, Grübler, Enthusiasten, Stuttgart 1982^{12}, S. 617–619 und 560 ff. Merkwürdigerweise waren für Hutten Offenbarungsspiritisten wie E. Swedenborg und J. Lorber bei allem Vorbehalt »zugleich vom Himmel Erleuchtete und erschlossen befreiende Horizonte« (S. 619).

18. E. *Swedenborg*, Himmel und Hölle nach Gehörtem und Gesehenem, London 1758, c. 85. Hier und im folgenden zitiert als: *ders.*, Über das Leben nach dem Tode – eine christliche Jenseitsschau, übersetzt und redigiert von F. Horn, Zürich 1991[2] (S. 41).
19. Swedenborg, a.a.O. S. 130. Nächstes Zitat: 131f.
20. A.a.O. S. 193; vgl. S. 195, 201 und 223f.
21. Swedenborg, a.a.O. S. 188 (das Wort steht im Originaltext in Anführungszeichen). Nächstes Zitat S. 240.
22. Swedenborg, a.a.O. S. 32. Weiteres bei B. *Lang*, C. *McDannell*, Der Himmel. Eine Kulturgeschichte des ewigen Lebens, Frankfurt/M. 1990, S. 246ff.
23. J. *Lorber*, Jenseits der Schwelle. Sterbeszenen, Bietigheim 1990[7], S. 80. – Vgl. insgesamt M. *Pöhlmann*, Lorber-Bewegung – durch Jenseitswissen zum Heil? (R.A.T. 4), Konstanz 1994.
24. Vgl. bes. A. *Schopenhauer*, Versuch über das Geistersehn und was damit zusammenhängt, in: Parerga und Paralipomena I, Sämtl. Werke Bd. IV, Frankurt 1986, S. 273–372. Bedenkt man übrigens, daß nicht nur der Spiritualismus, sondern auch der Materialismus sich als Monismus verstehen, dann bemerkt man eine auffällige Verwandtschaft zwischen ihnen, die insbesondere dort gegeben ist, wo sich Materialismus nicht absolut irreligiös, sondern ein wenig pantheistisch geriert.
25. K. Hutten, a.a.O. S. 723. Vgl. auch H. *Martensen-Larsen*, Das Blendwerk des Spiritismus und die Rätsel der Seele, Hamburg 1924, S. 18f.
26. F. *Walter* im Vorwort zur 3. Auflage von: W. *Schneider*, Der neuere Geisterglaube. Tatsachen, Täuschungen und Theorien, Paderborn 1913[3], S. V.
27. Vgl. z. B. W. O. *Roesermueller*, Geister warnen vor Geistern, Nürnberg 1965[2]. – Schon 200 Jahre vor dem Exemplum Roesermuellers notierte I. *Kant*, man werde sich »beim Widerspruche ihrer Visionen gedulden, bis diese Herren ausgeträumt haben« (a.a.O. S. 33). S. auch H. *Martensen-Larsen*, Ein Schimmer durch den Vorhang, Berlin o.J. (2. Aufl.), S. 181.
28. Vgl. z. B. H. *Bender*, Mediumistische Psychosen. Ein Beitrag zur Pathologie spiritistischer Praktiken, in: Zeitschrift für Parapsychologie und Grenzgebiete der Psychologie 2, 2/1958, S. 173–201.
29. A. *Ford*, Bericht vom Leben nach dem Tode, Bern-München 1972[2], S. 105. Die nächsten Angaben und Zitate stammen aus den folgenden Seiten dieses Buches.
30. Jeder sei ein Teilchen der Gottheit, heißt es in einem spiritistischen Protokoll: So F. *Gurtis* (Hg.), Stimmen aus einer andern Welt, Radebeul 1921, S 72f.
31. P. *Althaus*, Die letzten Dinge, Gütersloh 1933[4], S. 71. Eines der neuesten Beispiele ist das Buch von N. *Randall*, Das Leben geht weiter – Alltag im Jenseits, Recklinghausen 1993.

32. B. *Grom*, Spiritismus – Lebenshilfe oder Selbsttäuschung? in: H. M. Baumgartner (Hg.), Verführung statt Erleuchtung, Düsseldorf 1993, S. 35–66, hier 49. Seltene durchaus beeindruckende Phänomene wie z. B. medizinische oder musikalische »Geister-Durchgaben« reichen als Beweis für die spiritistische Hypothese nicht aus (s. u.).
33. Vgl. H. *Bender*, Zur Psychologie der UFO-Phänomene, jetzt in: ders., Verborgene Wirklichkeit, Neuausgabe München-Zürich 1985, S. 185–211; K. Hutten, Seher, a. a. O. S. 761–795; M. *Haeusler*, Der letzte Schrei aus dem Jenseits, Berlin 1988; J. *Klimo*, Channeling, Freiburg 1988; H.-J. Ruppert, a. a. O. S. 128ff; H. *Höfling*, Ufos, Urwelt, Ungeheuer, Köln 1990.
34. H. *Schäfer*, Brücke zwischen Diesseits und Jenseits, Freiburg 1989, S. 193ff und 165ff. Demgegenüber erklärt es Pfarrer W. *Sonn* als für Gott »unmöglich, etwas, das schlechterdings nicht mehr war, als dasselbe neu zu schaffen« (Einblicke in's Jenseits? Der moderne Spiritismus als Anfrage an die Theologie, in: Deutsches Pfarrerblatt 93, 9/1993, S. 427–429, hier 428).
35. Nach K.-W. *Reinhardt*, Schöne Grüße aus dem Jenseits – per Video, in: Funkuhr 5/1986, S. 30. Vgl. auch H. Schäfer, a. a. O. S. 203ff.
36. M. *Ryzl*, Der Tod und was danach kommt, München 1983, S. 97; H. *Bender*, Verborgene Wirklichkeit, a. a. O. S. 76–89. Vgl. ferner H.-J. Ruppert, a. a. O. S. 130ff; L. *Watson*, Geheimes Wissen, Frankfurt 1976, S. 312.
37. H. *Barz*, Postmoderne Religion, Opladen 1992, S. 253. Vgl. *ders.*, Religion, Religion ohne Institution? Eine Bilanz der sozialwissenschaftlichen Jugendforschung, Opladen 1992, S. 99.
38. Siehe U. *Müller*, Das Leben und Wirken des »Satanisten« T. Eine Dokumentation, Regensburg 1989, S. 43–61.
39. Vgl. D. *Bürgin*, Das Kind, die lebensbedrohende Krankheit und der Tod, Stuttgart 1978, S. 74; W. Thiede, Auferstehung, a. a. O. S. 236ff.
40. Th. W. *Adorno*, Minima Moralia, Frankfurt 1987, S. 325 und 327. Tatsächlich hatte der Berliner Ingenieur F. Grunewald eine »Geisterwage« erfunden: Vgl. K. O. *Schmidt*, Die Geisterwage, in: Die Weiße Fahne, Jahrgang 1925 S. 344–346; M. *Kyber*, Einführung in das Gesamtgebiet des Okkultismus, Stuttgart 1923^{4}, S. 98.
41. S. *Freud*, Die Zukunft einer Illusion (1927), in: ders., Kulturtheoretische Schriften, a. a. O. S. 161f.
42. G. F. *Hartlaub*, Parapsychologie als Revision der Aufklärung, in: Zeitschrift für Parapsychologie und Grenzgebiete der Psychologie 1960/61 (Bd. 4), S. 81–99, Zitat S. 96. Vgl. bereits H. Martensen-Larsen (Blendwerk, a. a. O. S. 121ff), sowie R. *Baerwald*, Okkultismus und Spiritismus, Berlin 1926. Zum aktuellen Stand: U. *Timm*, Was wissen wir wirklich über Psi-Phänomene? in: E. Bauer, W. v. Lucadou (Hg.),

Spektrum der Parapsychologie (Festschrift für Hans Bender), Freiburg 1983, S. 224–242.

43. M. *Ryzl*, a. a. O. S. 169.
44. A. *Neuhäusler*, Einige Hypothesen zur Erklärung parapsychologischer Phänomene, in: Psi und Psyche (Festschrift H. Bender), a. a. O. S. 145–158, Zitat S. 146.
45. Z. B. K. *Hutten*, Psi und der christliche Glaube, in: Offene Tore 19, 5/1975, S. 131–144, bes. 136; W. *Horkel*, Spiritismus – Geheimnisse des Jenseits, Stuttgart 1987.

Anmerkungen zum III. Kapitel:

1. Th. *Dethlefsen*, »Den Schatten angliedern« – Die theoretischen Grundlagen der Reinkarnationstherapie, in: H. Wiesendanger (Hg.), Wiedergeburt, Frankfurt/M. 1991, S. 71–96, hier 72.
2. M. und R. *Dahlke*, Okkultismus, München 1990[2], S. 141.
3. K. O. *Schmidt*, Wiederverkörperung und Karma, Pfullingen 1962[3], S. 146.
4. Vgl. I. *Vallieres*, Praxis der Reinkarnationstherapie, Steimbke 1987, S. 71.
5. W. *Trautmann*, Über den Tod hinaus. Neue Fakten und Denkmodelle zur Re-Inkarnation, Düsseldorf 1989, S. 201.
6. I. Valleries, a. a. O. S. 165 f. »Deshalb muß die Seele so oft inkarnieren, bis sie alle ihre Lernziele erreicht hat« (S. 59).
7. St. *von Jankovich*, Reinkarnation als Realität, Ergolding 1993, S. 81.
8. Vgl. K. *Hutten* und S. *von Kortzfleisch*, Seelenwanderung – Hoffnung oder Alptraum der Menschen? Stuttgart 1966[2]; R. *Hummel*, Reinkarnation, Stuttgart-Mainz 1988.
9. W. D. *O'Flaherty*, Emotion und Karma, in: W. Schluchter (Hg.), Max Webers Studie über Hinduismus und Buddhismus, Frankfurt 1984, S. 87–103, hier 94. Aus buddhistischer Sicht schreibt z. B. St. *Levine*, Wer stirbt? Wege durch den Tod, Bielefeld 1991.
10. C. *Humphreys*, Karma und Wiedergeburt, München 1980[2], S. 40.
11. K. O. Schmidt, a. a. O. S. 143 und 145.
12. E. *Bloch*, Prinzip Hoffnung, V. Teil, Tb 1985, S. 1309.
13. Vgl. K. *Hoheisel*, Glaube an die Seelenwanderung im frühen Christentum? in: Materialdienst der EZW 49, 7/1986, S. 188–196; L. *Scheffczyk*, Der Reinkarnationsgedanke in der altchristlichen Literatur, München (Bayer. Akad.-Wiss. Philhist. Kl. 4/1985); H. *Frohnhofen*, Rein-

karnation und frühe Kirche, in: Stimmen der Zeit 207, 4/1989, S. 236–244; W. *Thiede*, Indizien für Reinkarnation? in: Materialdienst der EZW 52, 6/1989, S. 161–174.

14. Vgl. C. *Schönborn*, Existenz im Übergang. Pilgerschaft, Reinkarnation, Vergöttlichung, Einsiedeln-Trier 1987, S. 113ff.
15. Vgl. H.-D. Leuenberger, Säulen, a. a. O. S. 198f.
16. H. *Waldenfels*, Auferstehung, Reinkarnation, Nichts? in: H. Kochanek (Hg.), Reinkarnation oder Auferstehung, Freiburg i. Br. 1992, S. 248–262, hier 259.
17. Vgl. R. *Tschirch*, Gott für Kinder, Gütersloh 1974², S. 88; ferner M. *Leist*, Kinder begegnen dem Tod, Gütersloh 1979, S. 17 und 20f; T. *Brocher*, Wenn Kinder trauern, Reinbek 1985, S. 19. Verstärkt werden solche den Tod bagatellisierenden Gedanken durch den Umstand, daß die christliche Hoffnung im Elternhaus und im Religionsunterricht immer weniger zur Sprache kommt.
18. Leuenberger, a. a. O. S. 198.
19. Wie eine Ende 1985 auf einer Bischofssynode in Rom vorgelegte Untersuchung ergeben hat, bekennen sich in Westeuropa zu diesem Zeitpunkt bereits 23% der Katholiken, 21% der Protestanten und 12% sogenannte Atheisten zur Lehre von der »Seelenwanderung« (vgl. R. *Friedli*, Zwischen Himmel und Hölle – die Reinkarnation, Freiburg/Schweiz 1986, S. 22f). Im Blick auf Heranwachsende geben die Umfrageergebnisse in meiner Dissertation (Auferstehung, a. a. O. S. 277ff) zu denken.
20. Interview in: Die Welt, 23. 11. 1992, S. 9.
21. Zitiert nach R. A. *Moody*, Leben vor dem Leben, Reinbek 1990, S. 17.
22. Vgl. näherhin W. *Thiede*, Scientology- Religion oder Geistesmagie? Konstanz 1992, S. 63ff; *ders.*, Die Geistesfalle, in: J. Herrmann (Hg.), Mission mit allen Mitteln, Reinbek 1993³, S. 65ff.
23. Nach K. Hutten/S. von Kortzfleisch, a.a.O. S. 39, und N.-O. *Jacobson*, Leben nach dem Tod? Düsseldorf 1973, S. 249 (und Anm. 190f).
24. Nach Hutten/von Kortzfleisch, a. a. O. S. 42.
25. Nach A. *da Silva Mello*, Die Frage nach dem Jenseits, Frankfurt/M. 1963, S. 253f. Vgl. auch H. *Wiesendanger*, Zeitsprünge in die eigene Zukunft? in: ders. (Hg.), Wiedergeburt. Herausforderungen für das westliche Denken, Frankfurt/M. 1991, S. 114–141, Anm. 77f.
26. H. Wiesendanger, a. a. O. S. 141. Nächstes Zitat ebd. (Auf hypnotischen Vorausführungen basiert übrigens auch C. B. *Snow*, Zukunftsvisionen der Menschheit, Genf/München 1991).
27. H. Wiesendanger, a. a. O. S. 141.
28. T. *Dethlefsen*, Das Erlebnis der Wiedergeburt. Heilung durch Reinkarnation, München 1981⁴, S. 63ff. Vgl. übrigens *ders.*, Das Leben nach dem Leben, München 1976; *ders.*, Schicksal als Chance, München 1980.

Vgl. außerdem z. B. H. *Wambach*, Leben vor dem Leben, München 1979; M. *Netherton* und N. *Shiffrin*, Bericht vom Leben vor dem Leben, München 1981; B. I. Vallieres, a. a. O.; R. *Ebertin*, Reinkarnation und neues Bewußtsein, Freiburg 1989².

29. Interview in: U. *Fassbender*, Reinkarnation. Berichte aus einem früheren Leben, München 1988, S. 174.
30. A. a. O. S. 201 f. Auch in der spiritualistischen Sekte »Universelles Leben« wird das Aufdecken »früherer Leben« abgelehnt (vgl. R. *Wagner*, Reinkarnation. Das Heraus- und Hineinschlüpfen in das Fleisch, Würzburg 1989², S. 34 f).
31. Bericht von R. *Scholl* in: Neue Revue Nr. 34/1978, S. 32 f. – Nächstes Beispiel aus: U. Fassbender, a. a. O. S. 150.
32. M. und R. Dahlke, a. a. O. S. 138 f. Selbst die Reinkarnationstherapeutin I. Vallieres räumt ein: »Manches läßt sich als Wunschdenken oder Phantasterei erklären, wenn nicht gar Illusion im Spiel ist« (a. a. O. S. 61).
33. H. *Hemminger*, Reinkarnationstherapie – Psychologie statt Esoterik, in: Materialdienst der EZW 50, 10/1987, S. 294 ff, hier 296.
34. K. *Schilling*, Ich bin in die Glückseligkeit gehüpft, in: Kontraste 28, 2/1988, S. 12 f.
35. Vgl. S. *Freud*, Zeitgemäßes über Krieg und Tod (1915), in: ders., Kulturtheoretische Schriften, Frankfurt 1986, S. 33–60, hier 55.
36. D. *Bürgin*, Das Kind, die lebensbedrohende Krankheit und der Tod, Stuttgart 1978, S. 87.
37. Vgl. T. J. *Hudson*, Das Gesetz der psychischen Erscheinungen, Leipzig 1905², S. 17 ff.
38. Dethlefsen, Wiedergeburt, a. a. O. S. 9 f. G. *Hofer* erklärt: »Hypnose und Suggestion sind zweifach verbunden, insofern als der Zustand sich auf suggestivem Weg einstellt und dann die suggestive Wirkung fördert« (Art. Suggestion, in: RGG³, Bd. VI, Sp. 518). Vgl. auch K. *Schmitz*, Was ist, was kann, was nützt Hypnose? München 1964, S. 30 ff.
39. R. A. Moody, a. a. O. S. 78. Vgl. auch A. da Silva Mello, a. a. O. S. 257, und K. G. Rey, a. a. O. S. 98.
40. P. *Berner* und R. *Naske*, in: Lexikon der Psychiatrie, hg. v. C. Müller, Berlin 1973, S. 108. Übrigens ist in der Fachpsychologie ausreichend belegt, »daß es sehr wohl möglich ist, aus der Hypnose heraus unwahre Auskünfte zu geben, wenn man das für angebracht hält« (Moody, a. a. O. S. 231).
41. Vgl. W. *Trutwin*, Licht vom Licht. Religionen in unserer Welt, Düsseldorf 1976, S. 246 f. Siehe auch G. *Schüttler*, Die Erleuchtung im Zen-Buddhismus. Gespräche mit Zen-Meistern und psychopathologische Analyse, Freiburg 1974, bes. S. 138: »Die als Möglichkeiten in der Psy-

che bereitliegenden Mechanismen gedeihen auf geeignetem Nährboden, wobei sich Zeitgeist und Persönlichkeit auswirken.«

42. M. *Bernstein*, Protokoll einer Wiedergeburt, Bern-München 1973, S. 292.
43. I. *Stevenson*, Reinkarnation, Freiburg 1976, S. 350.
44. Moody, a. a. O. S. 260.
45. H. *Bender*, Umgang mit dem Okkulten, Freiburg 1984, S. 85. Vgl. auch H. *Hemminger*, Rückführung – eine psychologische und weltanschauliche Kritik, in: H. Wiesendanger (Hg.), Wiedergeburt, Frankfurt 1991, S. 97–113.
46. Vgl. die Ausführungen des Parapsychologen M. *Ryzl*, Warum ich »Erinnerungen an frühere Leben« mißtraue, in: H. Wiesendanger (Hg.), Wiedergeburt, Frankfurt 1991, S. 145–156. – Auch nach I. Stevenson können paranormal erlangte Elemente das reinkarnatorische Gesamtphänomen prägen (vgl. a. a. O. S. 18).
47. Siehe S. *Ostrander*, L. *Schroeder*, PSI. Die wissenschaftliche Erforschung und praktische Nutzung übersinnlicher Kräfte des Geistes und der Seele im Ostblock, Bern-München-Wien 1970, S. 136ff.
48. Vgl. A. da Silva Mello, a. a. O. S. 220.
49. Siehe ebd. S. 226ff, und Th. *Flournoy*, Die Seherin von Genf, Leipzig 1914. Ferner: W. F. *Bonin*, Lexikon der Parapsychologie und ihrer Grenzgebiete, Frankfurt 1981, S. 458.
50. Vgl. E. *Zolik*, »Reincarnation« Phenomena in Hypnotic States, in: International Journal of Parapsychology, Bd. 4, 1962, S. 66–75; I. Stevenson, a. a. O. S. 343–351.
51. Siehe näherhin Bender, a. a. O. S. 82–84; Ryzl, a. a. O. S. 149; auch H. *Wiesendanger*, Narben vom Tode vor dem Leben, in: esotera 7/1992; M. *Wirth*, Der Fall Titu, in: esotora 10/1992, S. 97–101.
52. R. *Moody*, Leben nach dem Tod, Reinbek 1977, S. 145. Fälschlich verweist außer G. *Schmids* erwähntem Artikel im »Lexikon der Sekten« auch R. Friedli (a. a. O. S. 17) auf Moody.
53. J. *Mischo*, Methodenprobleme der empirischen Reinkarnationsforschung, in: Grenzgebiete der Wissenschaft 41, 2/1992, S. 121–150, hier 148.

Anmerkungen zum IV. Kapitel:

1. W. *Pannenberg*, Grundzüge der Christologie, Gütersloh 1976[5], S. 80.
2. C. H. *Ratschow*, Erwarten wir noch etwas jenseits des Todes?, in: NZSyTh 14, 2/1972, S. 113–129, Zitat 115.
3. Meyers Enzyklopädisches Lexikon, Bd. 23, Mannheim 1978[9], S. 386. Das dtv-Taschenlexikon definiert 1988 zurückhaltender, Thanatologie sei »die Lehre von den komplexen Zusammenhängen der zum Tod führenden physiologischen Abläufe sowie der psychischen und sozialen Wirkungen.« Vgl. ferner F. *Rest*, Art. Thantologie, in: A. Eser u. a. (Hg.), Lexikon Medizin – Ethik – Recht, Freiburg 1989, Sp. 1155–1159.
4. Vgl. E. *Wiesenhütter*, Blick nach drüben. Selbsterfahrungen im Sterben, Gütersloh 1976[3]; B. *Malz*, Ich sah ein Stück der Ewigkeit, Asslar 1985[8].
5. H. *Bender*, Probleme der Sterbeforschung – Zum Thema Thanatologie, in: ders., Zukunftsvisionen, Kriegsprophezeiungen, Sterbeerlebnisse, München 1983, S. 123–150, bes. 123 und 126; *ders.*, Umgang mit dem Okkulten, Freiburg i. Br. 1984, S. 96. Bender meint mit dem Begriff der »thanatologischen Welle« neben dem allgemein am Thema Sterben und Tod gestiegenen Interesse insbesondere die verbreitete Aufmerksamkeit für Todesnähe-Erlebnisse; so wird der Begriff in der Regel auch im folgenden verstanden.
6. Sterbeforschung, a. a. O. S. 127.
7. P. *Beisheim*, Wissenschaftlicher Bericht über Tendenzen in der modernen Thanatologie, in: Concilium 10, 4/1974, S. 301–305, Zitat 305.
8. K.-F. *Daiber*, Über die Zukunft nach dem Tode. Vorstellungen in der Gesellschaft der Bundesrepublik, in: Lutherische Monatshefte 11/1985, S. 504–508, Zitat 507.
9. Dazu näherhin F. *Splittgerber*, Schlaf und Tod, Halle 1881[2], Teil 2, S. 38f.
10. Vgl. z. B. R. A. *Moody*, Leben nach dem Tod, Reinbek 1977, S. 117; *ders.*, Nachgedanken über das Leben nach dem Tod, Reinbek 1978, S. 85; H. *Schwarz*, Wir werden weiterleben, Freiburg 1984, S. 35f.
11. Dazu W. *Thiede*, Das Kind vor der Problematik von Sterben und Tod, in: Der evang. Erzieher 42, 1/1990, S. 43–53; M. *Morse*, P. *Perry*, Zum Licht, Frankfurt/M. 1992.
12. Nur wer bei der Analyse althergebrachter Texte entsprechend zu unterscheiden versteht, wird der thanatologischen Wissenschaft einen guten Dienst erweisen. Vorbildlich sind hier die Studien von P. *Dinzelbacher*, An der Schwelle zum Jenseits, Freiburg 1989, und C. *Zaleski*, Nah-Todeserlebnisse und Jenseitsvisionen, Frankfurt/M.-Leipzig 1993.
13. Bender, Sterbeforschung, a. a. O. S. 144.
14. R. *Hummel*, Reinkarnation, Stuttgart 1988, S. 15.

15. K. *Ring*, Den Tod erfahren – das Leben gewinnen, München 1985, S. 17.
16. S. und C. *Grof*, Jenseits des Todes, München 1984, S. 9.
17. A. *Heim*, Notizen über den Tod durch Absturz, in: Jahrbuch des Schweizer Alpenclubs, 27/1891, S. 327–337, bes. 328.
18. H. *Martensen-Larsen*, Vom Tode und von den Toten. 3 Bände, Berlin o. J., Zitat: Bd.I, S. 23.
19. J. *Bahle*, Keine Angst vor dem Sterben. Zur Psychologie des angstfreien und schönen Sterbens, Hemmenhofen 1963, S. 78.
20. Einen Überblick über die entsprechende Literatur bietet L. *Pearson*, Selected Bibliography on Death and Dying, in: Ders. (Hg.), Death and Dying. Current Issues in the Treatment of the Dying Person, Cleveland/Ohio 1969, S. 133–235.
21. Weiter: »Die ›death-awareness‹-Bewegung in Amerika geht eindeutig auf Kübler-Ross zurück ...« (Thanato-Psychologie in den Vereinigten Staaten, in: Tod – Sterben – Trauer, hg. v. J. Howe und R. Ochsmann, Frankfurt/M. 1984, S. 14–26, Zitat 22). Vgl. auch D. *Gill*, Elisabeth Kübler-Ross. Wie sie wurde, wer sie ist, Stuttgart 1981.
22. »Schattenreich des Todes« (1988). Am 13.10.1993 strahlte SAT.1 den Psycho-Thriller »Flatliners« aus, der von künstlich herbeigeführten Todesnah-Erlebnissen handelt, allerdings den Stand der Sterbeforschung kaum ernstnimmt.
23. E. *Kübler-Ross*, Leben, Tod und Leben nach dem Tod (1980), in: *dies.*, Über den Tod und das Leben danach, Melsbach 1986^{6}, S. 46–89; folgendes Zitat 49f.
24. Vgl. *Kübler-Ross*, Es gibt keinen Tod (1977), in: dies., Über den Tod, a. a. O. S. 23–45, bes. 38ff.
25. Über den Tod, S. 9. Kritisch urteilt zurecht R. *Sachau*, »Elisabeth Kübler-Ross: Über die Grenze des Todes hinaus?«, in: Materialdienst der EZW 50, 11/1987, S. 313–323.
26. R. A. Moody, Leben, a. a. O. S. 27–29.
27. Vgl. Moody, a. a. O. S. 15 und 182; *ders.*, Nachgedanken, a. a. O. S. 164, 170 und 176.
28. Vgl. Moody, Leben, a. a. O. S. 149 und 181; ders., Nachgedanken, S. 165. H. Schwarz lobt Moodys »intellektuelle Redlichkeit« (a. a. O. S. 45f); kritisch äußert sich z. B. M. B. *Sabom*, Erinnerung an den Tod. Eine medizinische Untersuchung, München 1986^{2}, S. 17f.
29. Vgl. etwa R. A. *Kalish*, Experiences of Persons Reprieved from Death, in: A. H. Kutscher (Hg.), Death and Bereavement, Springfield/Illinois 1969, S. 84–96; R. *Noyes*, The Experience of Dying, in: Psychiatry 35/1972, S. 174–184.
30. Vgl. Moody, Nachgedanken, a. a. O. S. 140.
31. K. *Thomas*, Warum Angst vor dem Sterben? Freiburg 1980, S. 47.

32. R. A. *Moody*, Das Licht von drüben – Neue Fragen und Antworten, Reinbek 1989, S. 115. – Die Beweisbarkeit stellt H.-J. *Ruppert* entschieden in Frage (Okkultismus, a. a. O. S. 106).
33. Vgl. W. *Behnk*, Vom Mythos der »Leben-nach-dem-Tod«-Literatur – Tendenzen natürlicher Theologie und ihre ethischen Implikationen, in: Zeitschrift für evangelische Ethik (ZEE) 23, 1979, S. 221–232.
34. Davon zeugt z. B. der von den Vorstandsmitgliedern B. *Greyson* und C. P. *Flynn* herausgegebene Sammelband »The Near-Death Experience«, Springfield / Illinois 1984. Übrigens wurden in den USA auch noch ähnliche Organisationen neben IANDS gegründet: »LUMENA: The International Organization for the Study of Life After Life Experiences« (Greenwich) und »Second Attempt at Living (SAAL)«, die aber weniger wissenschaftlich arbeiteten.
35. Vgl. Ch. A. *Garfield* (Hg.), Psychosocial Care of the Dying Patient, New York 1978; *ders.*, More Grist for the Mill: Additional Near-Death Research Findings and Discussion, in: Anabiosis 1, 1 / 1979), S. 5–7.
36. M. Sabom, a. a. O. S. 199f.
37. Vgl. B. *Malz*, My Glimpse of Eternity, Chosen Books, Lincoln 1977 (deutsch: Ich sah ein Stück der Ewigkeit, Asslar 1985[8]); R. *Wilkerson*, Beyond and Back, Anaheim / California 1977 (deutsch: Ins Jenseits und zurück, Schondorf 1979).
38. St. *Grof* stellt die Thanatologie ausdrücklich in den Kontext des »neuen Paradigmas« (im Vorwort zu: A. *Young*, Der kreative Kosmos, München 1987).
39. So M. *Fox*, Der große Segen, München 1991, S. 188.
40. C. Zaleski, a. a. O. S. 288; vgl. ebenso S. 15.
41. Z. B. H. Küng, a. a. O. S. 15ff; H. Schwarz, a. a. O. S. 35ff.
42. W. C. *van Dam*, Tote sterben nicht, Augsburg 1988[7], S. 124. Siehe auch A. *Mark* und A. *Brooks*, »Thanatologie im Vormarsch«, in: factum 1, September 1979, S. 3–7.
43. Vgl. etwa P. *Becker*, Sterbebeistand – Lebenshilfe, in: E. Kübler-Ross, Leben bis wir Abschied nehmen, Stuttgart 1979, S. 157–172; J. *Wunderli*, Vernichtung oder Verwandlung?, Stuttgart 1976, S. 128ff; K. Thomas a. a. O. S. 46ff.
44. So etwa bei R. *Passian*, Abschied ohne Wiederkehr? Pforzheim 1973; I. *Currie*, Niemand stirbt für alle Zeit, München 1979; T. *Schwaegerl*, Wunder werden Wirklichkeit, München 1982, S. 119ff. Vgl. ferner z. B. E. *Häckel*, Wir werden leben auch wenn wir sterben, Bietigheim 1978; M. *Ebon*, Erfahrungen mit dem Leben nach dem Tod, München 1979.
45. K.-F. Daiber, a. a. O. S. 508. W. *Bonin* stellte bereits 1978 fest: »Der Bedarf nämlich an Literatur zum Tod, zu Todeserfahrungen und dergleichen scheint in den letzten Jahren stark zugenommen zu haben, er ist nicht nur von den Verlagen by pushing geweckt worden« (Reinkar-

nationserfahrung in der Transpersonalen Psychologie und unter Einfluß von Drogen, in: Fortleben nach dem Tode, hg. v. A. Resch, 1980, S. 293–315, bes. 314).

46. Z. B. erschien in »Das Beste« (11/1976, S. 133 ff) ihr Artikel »Wie soll man mit Sterbenden sprechen?«, worin sie auch von Reanimierten berichtet: »Alle ließen ihre leibliche Gestalt hinter sich wie ein Schmetterling den Kokon. Sie sprachen von einem Gefühl des Friedens, ohne Schmerz, ohne Angst.« Die »Bunte Illustrierte« berichtete bereits 1977 (Nr. 30 vom 14. Juli, S. 28 ff) von Kübler-Ross' oben erwähntem Erscheinungserlebnis.
47. H. *Schreiber*, »Ganz ruhig, in einem himmlischen Zustand«, in: »Der Spiegel« Nr. 26 vom 20. 6. 1977, S. 84–101. Weitere Beiträge zum Thema brachte »Der Spiegel« in Nr. 41/1978 (S. 269–272) und in Nr. 8/1981 (S. 198 ff).
48. A. *Springer*, Tod – das ist Übergang in ein anderes Leben, in: Bild-Zeitung (München, 26. 8. 1982, S. 2).
49. Dazu mein Art. *Erfahrung*, in: Praktisches Lexikon der Spiritualität, hg. v. C. Schütz, Freiburg 1988, Sp. 308–314.
50. Vgl. M. *Angrick*, Endorphine, in: Pharmazie in unserer Zeit 12, 5/1983, S. 129–134. – Eine ausführliche Erörterung muß einer späteren theologischen Studie vorbehalten bleiben.
51. C. Zaleski, a. a. O. S. 291. Nächstes Zitat: 292.

Anmerkungen zum V. Kapitel:

1. E. *Kübler-Ross*, Erfülltes Leben – würdiges Sterben, Gütersloh 1993, S. 93.
2. W. *Schiebeler*, Wir überleben den Tod. Erfahrungsbeweise für ein Weiterleben, Freiburg 1983, S. 119.
3. Vgl. A. *Silverstein*, Sieg über den Tod. Die Wissenschaftler eröffnen das Zeitalter der ewigen Jugend, München 1983.
4. Vgl. H. *Lübbe*, Im Zug der Zeit. Verkürzter Aufenthalt in der Gegenwart, Berlin-Heidelberg 1992; G. *Schulze*, Die Erlebnisgesellschaft. Kultursoziologie der Gegenwart, Frankfurt/M. 1992.
5. P. *Sloterdijk*, Eurotaoismus. Zur Kritik der politischen Kinetik, Frankfurt/M. 1989, S. 319.
6. M. *Luther*, Kritische Gesamtausgabe, Weimar 1883 ff (=WA), 34/II, S. 275, Zeilen 16 ff (vgl. WA 28, 193, 16 ff).
7. Die mittelalterlich-traditionelle Formulierung findet sich im Evange-

lischen Kirchengesangbuch unter der Nr. 309. Luthers Umkehrung belegt WA 12,609,8f, auch 40/III,496,16f.

8. WA 18,785,18f.
9. WA 6,534,15f.
10. Die meisten der angeführten Luther-Zitate sind orthographisch exakt zu finden in meiner Untersuchung »Luthers individuelle Eschatologie«, Lutherjahrbuch 49, Göttingen 1982, S. 7–49. Vgl. ebenso meinen *EZW-Impuls* Nr. 34 »Auferstehungshoffnung nach Martin Luther« (Stuttgart 1992).
11. WA 36,548,26f und 581,25ff (textlich hier zusammengefügt und ohne Sinnänderung leicht umformuliert).
12. WA 36,563,9ff.
13. WA 37,74,1ff und 40/I,288,5.
14. WA Tischreden I,177,20ff.
15. Luther, WA 45,499,3f.
16. WA 2,692,19–21 und WA 22,101,10.
17. H. *Zahrnt*, Gotteswende. Christsein zwischen Atheismus und Neuer Religiosität, München 1989, S. 224f.
18. Vgl. P. *Meingold*, Die Genesisvorlesung Luthers und ihre Herausgeber, Stuttgart 1936, bes. S. 396–398; C. *Stange*, Luthers Gedanken über die Todesfurcht, Berlin 1932; W. *Elert*, Der christliche Glaube, Berlin 1940, S. 631. – Richtig hingegen in neuerer Zeit G. *Ebeling*, Disputatio des homine. Teil 2: Kommentar zu These 1–19, Tübingen 1982 (siehe zu These 3); F. *Heidler*, Luthers Lehre von der Unsterblichkeit der Seele, Erlangen 1983.
19. WA 43,481,32ff (der erste Satz gehört im Original hinter die beiden folgenden).
20. Vgl. W. *Thiede*, Fundamentalistischer Bibelglaube im Licht reformatorischen Schriftverständnisses, in: H. Hemminger (Hg.), Fundamentalismus in der verweltlichten Kultur, Stuttgart 1991, S. 131–162.
21. WA 36,241,17f. Nächstes Zitat ebd., Zeilen 25–28.
22. F. Heidler, a.a.O. S. 51.
23. WA 35,478,12–15. Siehe auch WA 31/I,154f und 36,547,36ff.
24. WA 46,470,17f. Vgl. zu Luthers Seelenschlaf-Lehre ausführlicher vom Vf.: »Nur ein ewiger Augenblick«, in: Luther 64, 3/1993, S. 112–125.
25. 1. Kor. 15,20. Vgl. O. *Michel*, Zur Lehre vom Todesschlaf, ZNW 1936, S. 285ff; P. *Hoffmann*, Die Toten in Christus. Eine religionsgeschichtliche und exegetische Untersuchung zur paulinischen Eschatologie, Münster 1978³, S. 186ff.
26. WA Briefe II,422,5f. Den Zustand des »Nichtwissens« der schlafenden Seele vergleicht Luther mit dem leeren Bewußtsein eines Kindes vor der Geburt (WA 44,812,25ff).
27. Mit Bezug auf Markus 9,1–10 vgl. WA 43,360,27–36.

28. Vgl. WA 10/III,193,25–27.
29. Vgl. WA 44,516,23 und WA 10 III,191,13 ff.
30. WA Tischreden 5,219,11–17 (vgl. auch WA 36,631,18 f).
31. WA 14,71,10 ff; WA 10 III,194,9 f und WA 12,596,26–31.
32. WA 36,566. Vgl. zu dieser Frage F. D. E. *Schleiermacher*, Der christliche Glaube (1821–1822), Band 2, Studienausgabe 1984, S. 326, wo trotz differenzierten Denkens eine Luther gemäße Lösung nicht in den Blick kommt und somit keine Lösung gefunden wird.
33. Vgl. WA 40/II,154,13 f; 37,150,34 f; 6,617,6. Von daher muß auch WA 14,71,4 f verstanden werden: »Wenn wir tot sind, wird jeder seinen Jüngsten Tag haben.« Ein doppeltes Gericht (nach dem Tod und am Jüngsten Tag) lehnte Luther ab.
34. Vgl. J. *Moltmann*, Liebe – Tod – Ewiges Leben, in: Hj. Becker u. a. (Hg.), Im Angesicht des Todes, Bd. II, St. Ottilien 1987, S. 837–854, bes. 848.
35. Vgl. näherhin W. Thiede, Auferstehung, a. a. O. S. 164 ff.
36. WA 10 I/2,116,17–21.
37. WA 36,641,9 ff.
38. WA 36,660,32 ff.
39. Vgl. H. *Küng*, Ewiges Leben? München 1982, bes. S. 270–296.
40. Vgl. E. *Jüngel*, Gottes Sein ist im Werden, Tübingen 1976[3].
41. M. *Luther*, Von der Auferstehung der Toten, hg. v. A. Hohenberger, Gütersloh 1936, S. 191.